你睡不著
我受不了。

蔡康永 著

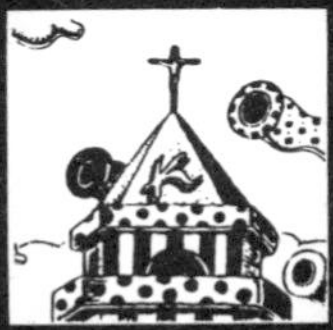

我們起勁的互相揮舞著召喚幸福的旗語，
以割雙眼皮的方式、
以飆車的方式、
以瘋狂亂買衣服的方式、
以用破兩層保險套的方式，
以只吃蔬菜不吃肉的方式、
以只抽大麻不抽煙的方式、
以生第四個小孩的方式、
以寫一本書的方式。
都是召喚幸福的旗語呢。
睡不著的諸君哪。

你睡不著我受不了

——寫給讀這本書的人

蔡康永

睡不著的感覺，還有受不了的感覺，常常使我能夠、繼續愉快的生活下去。

最讓人入迷的事情，總是發生在某個睡不著、或者受不了的時刻——

製造無數星球的宇宙爆炸。負載無數夢想的人間革命。

終於被找出來的一種疫苗。終於沒忍住的一次射精。

一個說不出為了什麼的吻。一本說不出為了什麼的書。

一抹讓你相信一切的笑。一滴讓你放棄一切的淚。

說起來，都是煩惱的事情，但也都是我們願意在這個世界上活下去的原因吧。

雖然這樣說，畢竟也還有很多人，是永遠睡得著、也永遠受得了的。

這種睡得著、也受得了的人生，是不是也有讓人入迷的可能呢？

因為沒有經歷過，所以只能說：「不知道。」也沒有興趣知道。

以睡得著與受得了，做為人生目標的人，不會是讀這本書的人。

我們。

知道鼻孔永遠挖不完，洗澡永遠洗不完的我們。

知道做愛有多狼狽、生小孩又有多狼狽的我們。

我們知道：每經過一次睡不著，每經過一次受不了，我們就偷偷的、

更靠近了那個幸福一點點。

因為我們公然的分享著一個人生的祕密，我們就都竊喜著自己能睡不

著的特權、能受不了的天賦。

我們起勁的互相揮舞著召喚幸福的旗語，以割雙眼皮的方式、以飆車的方式、以瘋狂亂買衣服的方式、以用破兩層保險套的方式，以只吃蔬菜不吃肉的方式、以只抽大麻不抽煙的方式、以生第四個小孩的方式、以寫一本書的方式。

都是召喚幸福的旗語呢。

睡不著的諸君哪。

目錄

4 你睡不著，我受不了——寫給讀這本書的人

14 挖鼻孔要靠自己

19 看人洗澡很感動

25 人魚公主變性手術

34 二十四小時接吻部隊

40 我十八歲，我很好色

45 嘴巴也算性器官

54 褲子拉鍊忘記拉

目錄

60 投幣就把你抱抱
66 拳頭也能塞進那個地方
76 身上液體哪種你最愛？
82 卡通多麼性苦悶
88 販賣機裏那瓶皮膚
96 當舌頭和舌頭相遇
101 如何剃毛才不變態？
107 沒辦法才上廁所

目錄

114 哪有『初夜』這回事？

120 兩腿開開做什麼？

126 鏡中尋找新男人

138 小便姿勢討論會

144 身不由己的啦啦隊

149 海底做愛，有人偷拍

158 脫衣舞與穿衣舞

164 耶穌穿得可眞少

目錄

169 保險套你往何處去
178 叫床的字彙很有限
184 不斷看到光屁股
192 用頭皮屑堆成雪人
197 很想曬黑的白牙齒
202 請勿破壞做愛現場
208 美麗的內褲，寂寞的刻度
214 蔡康永想要感謝的人

『呃，其實，沒事能自己挖挖鼻孔，

也是不錯的事吧。』

我一邊洗手，一邊安慰著我的希臘朋友。

『唉……你不會懂的……』希臘朋友顯得很沮喪——

『全身上下，就只有被稱為「鼻孔」這兩個洞，

不能夠了解別人手指所帶來的樂趣啊……』

ITCH
D
GAY DOLL
5750rpm
JAGUAR

挖鼻孔要靠自己

挖耳朵可以靠別人，但是挖鼻孔就一定要靠自己。

說起來很明瞭，但就是很少人知道。

我本來也不知道，一直要等到我美麗的希臘朋友，在那天提出了粗魯的要求——

『手伸過來，幫我挖鼻孔。』希臘朋友若無其事的說。

『吭？什麼?!』我以爲我聽錯。

『幫我挖鼻孔。』希臘朋友重複了一次。

語氣很平淡，不仔細聽，還以爲是叫我幫忙削蘋果這一類的事。

『幫你挖鼻孔?!……用、用我的手指嗎?……』

『當然!不然你要用湯匙嗎?你都用湯匙挖鼻孔的嗎?!』

『唔……真的要用手指嗎?……這個……呃……鼻孔……』

老實說，對於這樣的任務，我本人倒並不是很在意的，只是不知道我的手指會怎麼想……

無視於我的猶豫不決，快樂的希臘朋友抓住我手指就往鼻孔裡塞進去。

進去了。

其他的洞都可以

陌生的手指頭，遇見了陌生的鼻孔。狀況雖然有點尷尬，但也並不會比兩個彼此陌生的人相遇更尷尬。

手指朝不同方向轉動了幾下以後，似乎没有更多的事可做，希臘朋友嘆了一口氣，讓手指向剛認識的鼻孔說了再見——

『唉，即使是能讓天神宙斯變成天鵝，再讓天鵝强暴麗達的希臘人，一旦遇到了鼻孔，也還是要靠自己啊……』

『呃，其實，没事能自己挖挖鼻孔，也是不錯的事吧。』我一邊洗手，一邊安慰著我的希臘朋友。

『唉……你不會懂的……』希臘朋友顯得很沮喪——

『全身上下，就只有被稱爲「鼻孔」的這兩個洞，不能夠了解別人手指所帶來的樂趣啊……』

聽起來，倒很像白髮蒼蒼的老母親，在懊惱唯一不成材的小兒子哩。

希望能夠多練習

挖鼻孔這件事，確實具備著無比微妙的社會地位。

世界頂尖的時裝模特兒，即使是上廁所時，門突然被打開，相信也能夠立刻在馬桶上擺出撩人的姿態，拍成出色的照片。

可是如果挖鼻孔的時候被拍到，那就誰也無能爲力。

任性的搖滾歌手，在演唱會的台上，當著十萬人面前，吐痰的也有、小便的也有，卻從來没有呆呆站著挖鼻孔，而博得群眾瘋狂吶喊的。

很顯然，當鼻孔非挖不可的時候，要自己想辦法解決。

如果舉辦一次調查，調查什麼事情是在有人看到的時候就不做、沒人在看的時候就拚命做的，恐怕『挖鼻孔』會得到第一名也說不定。

這應該可以說明挖鼻孔爲什麼不能依靠別人幫忙了——只能自己偷偷做的事情，過度缺乏被見習和被練習的機會。

一起在地球上做爲人類的我們，雖然每一秒鐘都不斷的經由鼻孔、交換著彼此呼吸過的空氣，可是，對於彼此的鼻孔，我們是多麼的陌生啊！

蔡康永

看人洗澡很感動

『有沒有看過別人洗澡呢？』——

她忽然問出了這樣的問題。

對於她手裡那隻毛剛被拔光的雞來說，這個問題會不會太沈重，她顯然並沒有考慮到。

『……唔……看別人洗澡嗎？……哈！對男生來說是很普通的事情吧。』

我發現了她因爲擔任女生，而終於被注定了的宿命之無知，心情立刻變得特別好起來，哈，看別人洗澡?!這也能算是一個問題嗎?!

『喂！告訴你，從沒有發育的年紀開始，就常常在學校裡大家一起洗澡啦，每個人都光屁股站在洗澡間裡，彼此距離不超過二十五公分，哪裡有顆痣，哪裡有個疤，就算一次兩次沒注意到，一學期下來，也不得不看到了啊，哈哈哈。——』

我看著她伸手抓起一把白色的鹽，在光屁股的雞的身上用力搓來搓去，强烈感覺到對方做爲女生的無奈，而準備好付出男生的同情了。

當然，一如往例的，這種白日夢連凝聚成形的機會都沒有，就立刻被她果斷的瞬間摧毀——

『哼，這也可以算是回答嗎？』她把手上的雞翻了個身，變成在

海灘上做日光浴的姿勢，看也不看我一眼——

『是問你有沒有看過別人洗澡，不是問你有沒有看過別人沖水！笨蛋。何況，要說沖水的話，女生也常常一起沖的啦，請別太無知了吧。』

『咦？洗澡跟沖水，不一樣嗎？』我問。

『廢話，當然不一樣。雞肉沙拉和紅酒燴雞，難道一樣嗎?!請儘快停止使用傻瓜的邏輯吧！』

嗄？用雞肉沙拉和紅酒燴雞，來比喻淋浴和沐浴，反而不是傻瓜的邏輯嗎？

雞也在洗澡

要問到有沒有看過別人很正式的在浴缸裡洗澡嘛………

『看媽媽幫嬰兒洗澡，算不算？』我問。

『不算！』

『那……在電影裡看到，算不算？』

『不算！』

『那……用望遠鏡偷看到的，算不算？』

『咦？你也用過望遠鏡偷看別人洗澡嗎？……』她笑咪咪的望著我，兩手在雞胸上拍拍打打的，同步做著性騷擾和虐待動物兩件事情。

『呃……即使用了望遠鏡，也只偷看到別人沖水而已。坐在洗澡缸裡嘛……那樣的位置，是很不容易看到的。』我很慚愧的回答。

『告訴你，我看過！而且看了以後很感動。』她一邊說著這麼傷感的話，一邊卻高高拎起雞的雙腿，把雞的身體浸到調味缸裡去，像

芝加哥的黑道在拷問消息的派頭。

哦?洗澡，也能令看的人感動嗎?

洗澡是慰勞的方式

『我跟那個男生認識才一星期，就住到他家去，當晚，就站在他洗澡間的門口，從頭到尾的看著他洗了一次澡。』她說。

『呃……好看嗎?』我一時也想不出什麼比較有水準的問題。

『誰在講好不好看的事啊?!』她把雞一放，雞的後腿自動盤到頸子上，瑜伽雞。

『是親眼看見一個人，怎麼慰勞自己身體的過程呀。』她說。

嗯?慰勞軍隊，是聽說過的。慰勞身體嘛……應該還是用吃喝來慰勞，比較實惠吧。

『吃喝對身體來說，畢竟是很疲倦的事啊。吃喝下去的內容，都會强迫身體作反應，哪裡算慰勞呢?!』

『那……做愛，算不算慰勞？』我繼續努力。

『什麼嘛！做愛當然比吃喝更疲倦！除了吃螃蟹腳之外，怎麼吃喝，都比做愛輕鬆的嘛！』

說的也是。好像真的只有靜靜臥在澡缸裡洗澡，才算對身體夠溫柔吧。

『因爲看見了他對待身體的耐心和溫柔，才跟他繼續戀愛了兩個月的啊。』她微微笑了，溫柔的把雞抱入懷裡。

人魚公主的變性手術

『人魚公主，其實是講一個男人想要變成女人的故事。』

『胡說。人魚公主本來就是女的，幹嘛還要變成女的？』我正在修理我的鬧鐘，沒什麼力氣理她。

『你不相信？』

『不相信。人魚公主只是把魚尾巴換成了腿而已，這不算變性。』

『嘿嘿，注意哦，這傢伙換的可是「下半身」哦！』

又來了。她每次露出這種得意的笑容，我就知道完蛋了。還有人稱人魚公主爲『這傢伙』的，真是！

『你看，巫婆還告訴人魚公主：魚尾巴裂開變成腿的時候，會比用劍刺還痛，每跨出一步，都像踏在刀刃上，彷彿鮮血正流個不停——』她把翻開的《安徒生童話集》，塞到我的鼻子和我的鬧鐘之間。

『那又怎麼樣呢？』我只好暫停修理。『就算是拔牙，也會這麼慘的啊。』

『這當然是安徒生做爲一個男人，在想像被切成女人的痛苦啊！』

『我倒覺得，比較像在講「處女的初夜」這一類的事吧，什麼劍刺啊、裂開啊、刀啊、流血啊的，老套！』

『哦?所以你承認這件事情跟性有關囉?!』

『每件事情都跟性有關的嘛。』我說。

這句話，最合她的胃口了。

亂七八糟的書唸太多的女生，最後統統變成這樣子。

要愛必須改下半身

『總而言之，再怎麼說，人魚公主把尾巴換成了人腿，也只能說是女孩子變成了女人的比喻吧。跟男人變女人是沒有關係的。』我說。

我很同情安徒生，想早點讓他回去休息。

『錯！』她用書本敲一下我的頭。

情況很清楚——安徒生跟我，暫時都還沒有辦法去休息。

『錯?!什麼地方錯?!童話又不是拿來考試的，有什麼對跟錯？』

『錯！你根本沒有好好讀過人魚公主的故事。我問你：人魚公主爲什麼要把尾巴換成腿？』她問。

『因爲她愛上了人間的王子啊。沒有腿，她就沒辦法走到岸上去，跟王子見面啊。』

我想到了海豹。

海豹沒有腿，連手都沒有，還不是在岸上走來走去的，還會跳火圈呢。

安徒生也真是的。

『好，那我再問你：人魚公主是用什麼跟巫婆交換，巫婆才幫她把尾巴變成腿的？』

『嗯，是用她的舌頭換的啊。所以人魚公主就再也沒有辦法説話

啦。』

我看一眼我的鬧鐘。

我的鬧鐘是隻長得像一坨大便的胖龍，腳底下有輪子，時間到了，大便龍就在原地團團轉，粗魯的大喊著：『氣死我啦！氣死我啦！』

早上摔了一下，就只會轉圈子，不會大喊大叫了。

我的鬧鐘，和人魚公主一樣，本來也會說話的。

再愛也說不出口

『這樣，你還看不出關鍵所在嗎？』她問。

『噢，關鍵所在嗎……呃……人魚公主很可憐啊，既不能說話，又不會寫字，王子根本不知道她爲了愛情，做了這麼大的犧牲。結果王子另外娶了一個正常的公主，得不到愛情的人魚公主，就只有默默的化作一個泡沫，消失在大海裡了。』

『這不是很明顯了嗎?!』她很激動。

『只有愛上了男人的男人，才會在爲對方犧牲一切，甚至改變了身體、叛離了家人之後，依然連向對方示愛的機會都沒有，就又化作泡沫消失了啊。』

噢，是這樣子的嗎？

我很擔心的，看著沈默的大便龍鬧鐘。

大便龍，似乎也露出了憂傷的表情。

他十五歲，他不抽煙，

他不抽煙是因是他怕嘴巴臭，

他只嚼口香糖，

他只嚼口香糖是因為他是二十四小時接吻部隊。

『你永遠不知道什麼時候需要接吻，

這個世界充滿了危險跟意外，

你隨時都可能會需要接吻。』

940A
No.2

二十四小時接吻部隊

二十四小時便利商店，倒是滿街都有的。

二十四小時接吻部隊呢？其實，也是滿街都有的。只是你沒認出來罷了。

怎麼認呢？

尋找他們的武器吧——那些嘴裡除了放舌頭之外，還放了口香糖的傢伙，百分之七十都是二十四小時接吻部隊的。

至於那些嘴裡連舌頭也不放的，呃……大概是接吻部隊的退除役

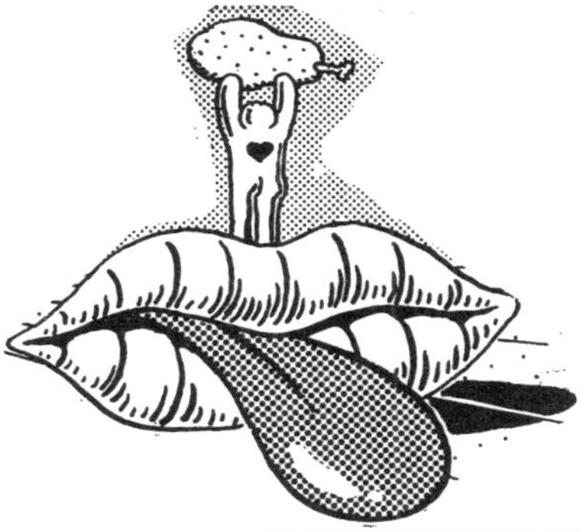

官兵吧。

當風車倒立的時候

『你以爲我們喜歡像隻乳牛一樣，嘴裡不停嚼啊嚼、嚼啊嚼的嗎?!』他說。

他十五歲，他不抽煙，他不抽煙是因爲他怕嘴巴臭，他只嚼口香糖，他只嚼口香糖是因爲他是二十四小時接吻部隊。

『你永遠不知道什麼時候需要接吻，這個世界充滿了危險跟意外，你隨時都可能會需要接吻。』

他一邊說，一邊嘴裡嚼嚼嚼的，好像上半部的臉，和下半部的臉，不是在同一家公司上班那樣。

『有一次，坐東線的地鐵，撞上了下班的人潮，車廂裡擠得每個人的鼻尖、都插到別人的耳朵洞裡面，臉上的汗也不知道是自己的還是別人的。』他說。

他的臉沒什麼表情，唯一在動的就是嘴巴的區域。好像是一座倒立中的風車。

『你不是要告訴我說，因爲太擠了，擠到別人必須把舌頭放到你嘴裡吧?!』我就知道唐吉訶德會被風車搞得那麼神經，一定有理由的。

『嘖，接吻哪有什麼必須不必須的，要親嘴就親嘴了嘛。』十五歲風車懶洋洋的打個哈欠，嘴裡的口香糖匆匆露了個臉，白白的、皺皺的、像某一顆牙齒的冤魂，被召喚出來會客。

『我是要告訴你——』他說：『那天在車廂裡，擠得連跟我接吻的人長什麼樣子都看不見，太近了，只看到兩個眼睛。』

『所以這跟口香糖有什麼關係？』我問。

『嘴巴的味道啊。』他說：『接吻是看不見對方的，就算睜著眼睛，你也只看得到模模糊糊的鼻尖啦、瞳孔啦，連完整的臉都看不見，何況很多接吻的白痴都喜歡閉眼睛，要不然就常常是在黑黑的地方，關了燈，所以嘛，接吻，只要嘴巴不臭就好了，接吻的身分證，就是嘴巴裡的味道，別的都沒關係。』

『對方是誰也沒關係？』

『沒關係。』

『長什麼樣子也沒關係？』

『沒關係。只是接吻嘛，就像吃漢堡一樣，你吃漢堡的時候，會先問你的漢堡叫什麼名字嗎？會管你的漢堡長什麼樣子嗎？』

唔，真是粗鄙的比喻。吃漢堡，怎麼能跟接吻相提並論呢?!
起碼用吃牛舌來比喻，才算差不多吧。

拳擊手的牙墊

另外一個朋友，喜歡在床頭放口香糖。
據他的說法，這跟在床頭放一把槍的意思是一樣的。
職業殺手的警覺?
『差不多囉，不過，不一定用到就是了。』他檢查了一下床頭口香糖的各種味道是否都齊備，接著說——
『你身邊睡了個人，每一秒都可能醒過來，就算不醒過來，也可能抱著你吻一吻，你呢?睡覺睡得嘴巴臭臭的，怎麼辦?!臭得把對方熏醒嗎?臭得讓對方以爲自己今晚睡的是具活屍嗎?還是你叫對方等

一等，你先去刷牙？』

『啊，所以……真辛苦呀。』我感嘆著。

『没辦法啦，二十四小時接吻部隊嘛。』

他聳聳肩，塞一塊口香糖到嘴裡，像個拳擊手塞進牙墊那樣ㄓㄨㄞˇ。

我十八歲，我很好色

如果上帝說：『我十八億歲，我不好色。』的話，會發生什麼事情呢？

我是一定會笑出來的。

『人類一思索，上帝就發笑』——這是猶太人說的。那麼，『上帝一說謊，人類就發笑』，應該算公平的吧。人類總得找點機會發笑啊。

上帝一定是好色的。上帝如果不好色，人類只需要被捏成像包子

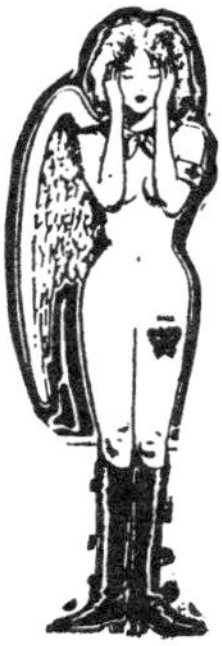

一樣就可以了。

先想到包子的簡單明瞭，再想到人類亂七八糟一大堆的睫毛耳屎這些東西，就會感到很疲倦啊。

『爲什麼要這麼麻煩呢？』在作品發表會上，上帝一再被問到這個祂很厭煩的問題。

『每件事情都要問我，都不會自己想嗎?!』上帝嘀嘀咕咕的，但記者的攝影機一架好，上帝還是很有效率的露出了天堂專用的笑容——

『設計了這麼多被認爲亂七八糟的零件，雖然感到慚愧，但還是衷心希望能得到愛護者的多方面利用……做爲我年度代表作品的人類，也請自行盡情的彼此互相觀賞、互相比較、互相愛悅吧。』

因為沒有變成包子

人類，並沒有在上個月或者上上個月，突然變成包子的模樣，這表示上帝對美色的喜好，還沒有停止，可以在祂大門上掛一塊『好色中』的牌子，加上ing的字尾，應該也是正確的。

被這樣一位上帝以手工製造的人類，如果不愛悅美色，將會是不可思議、又不負責任的惡劣態度吧。

以上，是我爲人類申請『好色許可證』的發言，接下來呢，我並沒有要說『謝謝觀賞』的意思，接下來我要繼續爲人類中因爲資淺而沈默的弱者，申請『好色許可證』。

人類中的，未成年人。

法律啦、規範啦、教條啦，這些東西能追求的，常常不是正義，

只是公平而已。公平的意思，就是什麼東西你有太多了，就讓你分一些給沒有的。

未成年人，擁有最多的，就是美色。

人類，最分配不均的，最沒辦法公平的，就是美色。長得最好看的那個人，沒有辦法說：『這個我太多了，請大家都拿一些去用吧，拜託拜託。』

長得最好看的人，唯一能幫不好看的人的方法，就是讓他們看，看他的好看。

跟上帝過不去

比起成年人、很成年人，以及太成年人來，未成年人當然是好看太多了。

爲了公平起見，成年人的那些法律規範教條，就一直在『美色』上，找未成年人的麻煩——

剪你的頭髮，規定你的制服，不讓你愛漂亮，不讓你好色。

成年人可以禿頭禿得亂七八糟也沒人管，可是你不准留鬍子不准留辮子——因爲你太多，而他沒有，而你又不分一點給他。

在一個人最有錢的時候，不准他花錢的話，那是要他等到什麼時候花錢？等他窮到沒錢花的時候嗎？

在一個人最美麗的年紀，不准他好色的話，那是要他等到什麼時候好色？等他老到一粒包子的模樣嗎？

那也未免太跟上帝過不去了吧？

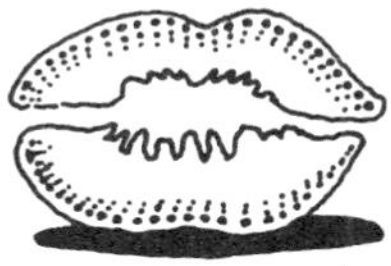

嘴巴也算性器官

嘴巴也算性器官嗎？

『呃……這個嘛……應該算吧……常常都要用到的啊……』——這顯然是位實用論者。

『啊？怎麼問這種問題呢?!』——摀住臉頰急忙逃開了，典型的、以爲害羞就會很迷人的乏味女生。

『唔，這要看你怎麼定義性器官了。』——這是以編字典的態度來面對人生的、會思考的蘆葦。

對呀，性器官的定義是什麼呢？怎樣的器官，才會被分配到性器官的權利和義務呢？

被噴霧的就算

爲了解答這個疑問，我找到一位已退休的電影噴霧專家。這位專家由於在任時期的卓越表現，現在被一家私人研究機構聘請、負責觀察跳蚤的交配過程、作成記錄。

至於這家機構是不是要藉此來發展滅除跳蚤的藥劑呢？這是人家的商業機密，我就沒有多問。

就算只是爲了樂趣，也不關我們的事呀。

和噴霧專家見面的時候，發生了很窘的場面——我從冷氣車廂裡

面跨出來，空氣的溫度一變，我眼鏡的鏡片立刻蒙上白茫茫的霧。

本來微笑上前來歡迎我的專家，一看到我臉上這兩塊圓形的白霧，當場嚇得倒退三步，只差沒有口吐白沫。

何必這麼誇張呢？電影裡就算看見了大怪龍嘎吉拉，也只倒退一步而已啊。

不論如何，我還是趕快把眼鏡摘下來，讓專家看見被白霧蓋住的、只是我的眼睛而已，並不是他害怕的那些亂七八糟的東西。

專家這才鎮定下來，一邊擦著汗、一邊回答我的問題。

「請問專家，只有性器官才會被噴霧嗎？」

「嗯，根據我那時候的規定，是的。」專家補充著：「像耳朵啦、腸胃啦，這些器官，我們是不噴霧的。」

「那，嘴巴呢?!」

『嘴巴？』專家有點困惑。

『對呀。如果只有性器官才會被噴霧，那麼爲什麼嘴巴也常常被噴呢？嘴巴也算性器官嗎？』

『噢，被噴霧的嘴巴嗎?!……』專家尋找著適當的字眼——

『應該說，任何器官，一旦進入了「性的狀態」，就有被噴霧的必要吧。』

『這樣說來，即使是耳朵、腸胃，只要進入了「性的狀態」，也都不能夠倖免了？』

『的確是。可說是受到性器官的連累了。』專家用了遺憾的語氣。

『所以，嘴巴也就不算是性器官囉？』

『實在不是，不能硬說「是」啊。』專家竟然套用了《北西北》

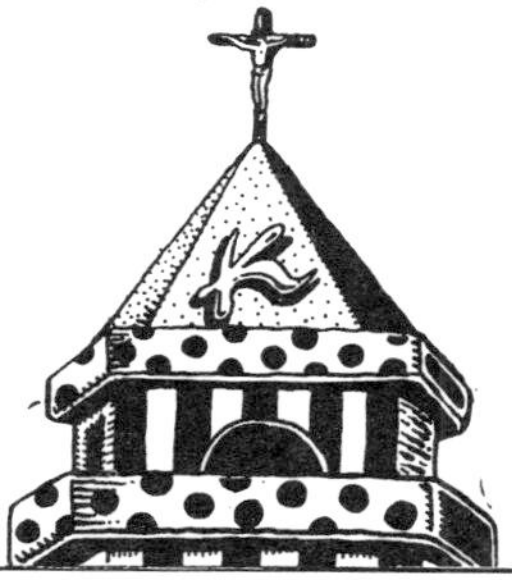

裡飛機追殺那場戲的名對白哩。

真不愧是各種電影專家中的一種哪。

公不公平呢？

暫時擺脫了性器官的陰影，嘴巴，應該感到高興，還是難過呢？

從噴霧這件事情上來說，起碼仍然會覺得不公平吧——

『如果不是我的錯，就不應該把我也用霧蓋住！』

要解決這個問題，電影噴霧的費用，將會大大提高、提高到真人和卡通合成這類畫面的製作成本，才能準確的劃分出嘴巴和其他部位的界線啊。

如果把這樣的意見告訴噴霧專家，他一定會嚇得馬上妥協——

『那就把嘴巴也算作是性器官好了！』

這樣，可能就要規定大家戴上口罩，才可以在街上走來走去了。

至於在大馬路邊，
在這麼多來往行人的注視之下，
公然被販賣機的兩條手臂抱住，
這種處境，是不是還能帶給顧客溫暖與安慰；
顧客是不是還能閉上眼睛好好的享受，
似乎也都是應該考慮的問題啊。
『要賺這樣的錢，也真是很不容易呢。』他嘆了一口氣。
生活充滿了想像不到的辛苦，
這我並不是不知道。

1
3 42.5 PER
0
100
M.TANLY
No.1
AUGUST 1963
Book

褲子拉鍊忘記拉

『啊！褲子拉鍊沒拉！』

這樣的事情，好比是來自人生的噴嚏，完全不發生，是沒可能的事；而一旦不幸發生了，也並不會招來太嚴重的責怪。

說來無疑很奇怪——褲子拉鍊沒拉的男生，在被別人毅然指出的那一刻，也都並不會覺得自責，大部份，都只是臉紅幾秒鐘而已。

『啊！竟然做出這種事?!請盡情責罰我吧！』——這種反應，跟

褲子拉鍊是沒有關係的。

『咦？既然並不覺得自己做錯了事情，那爲什麼會臉紅呢？』

『嗯……大概是因爲身上有拉鍊，卻不懂得拉上，自己覺得很不好意思吧。』

嗄？這是什麼狗屁回答?!

身上有拉鍊，就一定要拉上嗎?!

嘴唇上有鬍子，就一定要刮掉嗎?!

床上還睡了別人，就一定要做愛嗎?!

照這樣的邏輯說下去，夾克的拉鍊不拉，口袋的拉鍊不拉，也都會臉紅的嗎?!

沒有這種事。

在巴士上，或者電梯裡，用悲憫又鄙夷的神色，刻意壓低聲音：『先生……你夾克的拉鍊沒拉。』——說出這種莫名其妙的話，勢必被當成其他星球掉下來的笨蛋吧。

請考慮露出東西的可能

好吧。

夾克的拉鍊沒拉，不必臉紅。

褲子的拉鍊沒拉，必須臉紅。

爲什麼?!

褲子的拉鍊，牌子比較差嗎?!

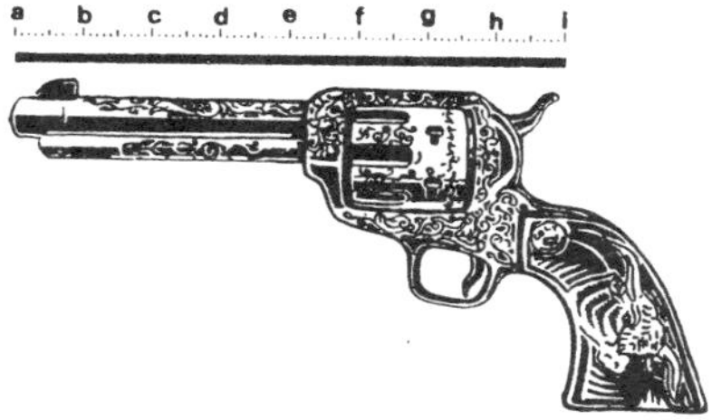

『嘻嘻……當然不是啦……』

那麼，是因爲露出了什麼東西嗎?!

『呃……也沒有啊，沒有露出來啊……嘻嘻。』

哼！本來就沒有嘛，一堆神經病！

再怎麼樣努力的忘記拉上拉鍊，能夠露出來的，充其量，也只是襯衫的下襬，或者內褲的前襠罷了。

內褲的花色嘛，即使是最顛峰的狀態，也只能露出一彎弦月那樣子的面積。

比起女生的裙子被風吹起來的時候，實在差得太遠了。

至於沒有穿內褲，卻又沒拉拉鍊的例子，則十分罕見。根據不愛穿內褲的朋友說，是因爲會感覺到外面空氣的流動，很容易就自己先發現了。

請回憶事情發生的過程

既然不至於露出什麼不像樣的東西來，那慘遭提醒拉鍊沒拉的男人，到底是爲了什麼原因而臉紅呢？

請試著回想事件發生的過程吧——

在穿上褲子時，就已經宿命的沒拉拉鍊者，應該只佔了百分之十到百分之十五的比例。

這些傢伙在臉紅些什麼，很難搞清楚。

如果是爲了跟不合法的對象上床，才脫下褲子的話，那在穿上時，忘了拉鍊的事情，確實會在被指出的那一刻，感受到全社會譴責

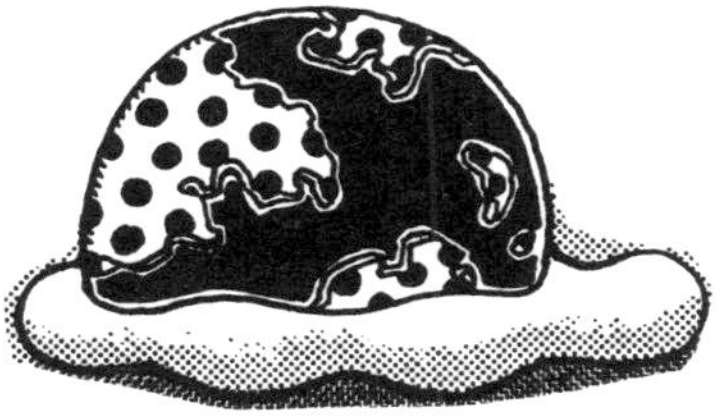

的目光，以致乖乖低下頭來吧。

如果只是因爲睡覺起床時，就忘了拉拉鍊的話，那有什麼可臉紅的，就超出我的理解範圍之外。

佔絕大部份的未拉拉鍊案例，是上完廁所的那一瞬間，不知腦子裡在想些什麼，而造成的遺憾狀況。

以這樣拉鍊開開的面貌，出現在公共場合，無疑是大聲向群衆宣告著：『喂，各位，別再裝沒事了吧！我剛剛已經上過廁所了哪！哈哈哈！』

可是，剛上過廁所，又有什麼好臉紅的呢?!是每個人隔幾小時就要幹一次的事啊。

這樣就太傷腦筋啦！到底，在臉紅些什麼哩?!

投幣就把你抱抱

『嗨，想聽個笑話嗎？』他問。

我們正站在馬路邊，吃著彷彿是從侏羅紀活過來的三角形飯糰。

『好啊，來個笑話吧。』我回答。也許聽一個笑話，飯糰的味道會好一點也說不定。

他從口袋裡拿出一個硬幣，投進路邊一具被漆得花花綠綠的電話裡，然後把話筒拿起來。

『……所謂電話界的小丑，應該就是這副模樣了吧……』我打量

著那具獨腳站立的電話，猶豫著要不要把話筒從他手裡接過來，『……也許會從話筒噴出惡作劇的水柱也說不定……』對於把自己搞成這樣子的彩色電話，我不太信任。

他把話筒放到我耳邊。

我從話筒裡，聽見一個錄音的男聲，很興高采烈的開始講一個笑話。

講的是一個大近視眼女生去買鞋，試穿的時候，把蹲在身前的店員的禿頭，看成了自己的膝蓋，那個女生覺得連膝蓋都露出來，腿實在是露太多了，趕緊把裙子蓋上去，結果害得那個店員以爲停電了。

『好不好笑？』他問我，幫我把話筒掛回去。

我不知道爲什麼，忽然爲我手上的飯糰感到很委屈。

所有這些電話、禿頭、近視眼、膝蓋什麼的，都好委屈啊。

路人也希望能笑

『這個東西，據說叫做「笑話販賣機」之類的名字。』

他指著那架彩色的投幣電話，好像介紹火星人那樣介紹給我聽。販賣機賣的東西越來越多。顯然是馬路上的行人，覺得缺乏的東西越來越多。

『應該要有人設立一些「擁抱販賣機」啊……這裡的人，都太缺乏擁抱了……』

我忽然想起這段話來。講這段話的人，是一個坐在馬桶上面自殺的作家，頭髮很長很長很長。

『……唔，「擁抱販賣機」嗎？……嗯，生意應該會很好吧。……可是，會是什麼樣子的機器呢？』他瞇起眼睛來想著。

『起碼……必須有兩條手臂吧？……』我也開始想。

站在一邊的，五彩的電話機，也不出聲的努力想著。

機器也希望能抱

『投幣一次，可以抱多久呢？……三分鐘，會不會太久啊？……』他伸出手臂來抱住自己，模擬著交易的情形。

被抱住三分鐘？被兩條手臂，緊緊抱住三分鐘？

我開始回想這一生，到底有沒有被人緊緊抱住三分鐘過……

『啊，三分鐘很久哩……這樣販賣機會很容易壞掉的。』他打斷了我的回憶，繼續設想著——

『而且，等巴士的人，也會因爲來不及掙脫，而錯過了很難等的巴士啊……』

至於在大馬路邊，在這麼多來往行人的注視之下，公然被販賣機的兩條手臂抱住，這種處境，是不是還能帶給顧客溫暖與安慰；顧客是不是還能閉上眼睛好好享受，似乎也都是應該考慮的問題啊。

『要賺這樣的錢，也真是很不容易呢。』他嘆了一口氣。

生活充滿了想像不到的辛苦，這我並不是不知道。

我忽然對所有的販賣機都很同情。

『……講笑話，也很辛苦吧。……』我拍拍五彩電話，也投進了一枚表示支持的硬幣，錄音的聲音，再度開始講笑話——

『警察問小偷：「你不但偷了錢，還偷了很多珠寶，對不對?!」』——話筒裡的聲音，努力製造快樂的氣氛——『小偷立刻回答：「是的，警官，因爲從小我媽媽就告訴我，光是有錢，是不可能幸福的。」』

我聽完笑話，掛上了話筒。
人類需要的笑話，真是很多種類啊……

拳頭也能塞進那個地方

在地震發生的前四個小時，看了那樣的節目，不知是不是引起世紀大地震的原因之一。

節目一開始，駐該區的特派員，就不斷驚恐的對鏡頭大喊著：『發現了拳頭可以放進那個地方的女人！終於發現拳頭可以放進那個地方的女人了！』

攝影機的鏡頭，簡直比特派員還要興奮，跟在特派員的背後，一路跌跌撞撞的，向一棟小屋狂奔過去。

屋門打開，一名擁有瓜類髮型的女生，以冬天蒼蠅的呆滯目光，迎接氣喘吁吁的特派員。

『啊！就是她了，她就是可以把拳頭放進去的人！』

特派員聲嘶力竭的指著女生的臉，攝影機鏡頭立刻勇敢的撲了上去，給女生一個超級特寫。

女生的目光依然很呆滯，絲毫沒有生命的跡象，頭髮連一根也不動的、呆呆望著鏡頭。

『請立刻表演吧！』——

特派員深深鞠了一躬。

鏡頭中的女生，依然呆立不動。電視機前面的我們，反而立刻慌亂起來。

『哇，就在門口表演嗎?!』

『現在電視連這個都可以播了嗎?!』

大家七嘴八舌，女的摀嘴巴，男的張眼睛，亂成一團。

真的塞進去了！

一直沒有表情的，鏡頭中的女生，突然露出了一秒鐘左右的寂寞神情，然後就猛的張大嘴巴，往特派員的手咬去！

這實在太意外了！我們當下大呼小叫，興奮得要命！

可是，一直很歇斯底里的特派員，這時竟然出奇的鎮定，整隻右手都被那個女生吞進嘴巴裡去了，也沒有露出痛的表情，連掙扎也不掙扎一下。

簡直像是被女生傳染了發呆症一樣。

我們也都在電視機前面呆住了，望著螢光幕上詭異的畫面。

地球彷彿靜止，一瞬間，電視機的裡面和外面都一起發愣。

這樣過了五秒鐘，特派員才像醒過來似的，重新開口說話——

『嘩！真的把整個拳頭都放進去了！整個都放進去了哪，真令人佩服！』

那位女生，還是動也不動的，嘴巴含住特派員的整個右手，呆呆的站著。

看起來就像中世紀那種某一位聖徒呆呆的受難圖一樣。

還有更厲害的！

『什麼嘛！就這樣子啊?!』

『……原來說了半天的「那個地方」，就是指嘴巴嗎?……真是……』

大家都像被解除了咒語一般，紛紛恢復了神智，開始你一句他一句的埋怨起來。

『……唉呀，不要這麼挑剔吧，雖然只是把拳頭放進嘴巴裡，也算是很不容易的啦。』我試著減低一點瀰漫屋內的失望之情。

當場就有人努力把拳頭要塞進嘴巴裡去，每個人都像馬戲表演中的優秀獅子一樣，把嘴巴儘可能的撐大。

不過，不管是自己的嘴巴，還是別人的嘴巴，都沒有完成吞進拳頭的任務。

這下大家才比較心平氣和的，繼續看節目。

『……嘿，不管如何，起碼我就看過有人真的能把整隻拳頭，都放進「那個地方」去，一直放進去，到手肘的部位哦……而且，那還是一個男的哦……』

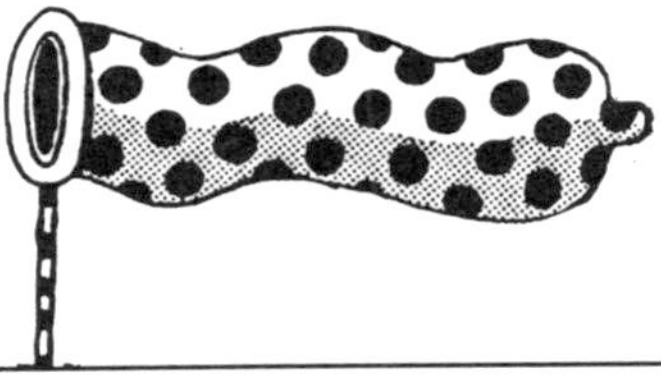

還是有人不甘心的，做了類似如此的補充。

然而，算不算夠厲害，並不是由我們觀眾來決定的。節目繼續下去，出現了一位能用嘴巴削鉛筆的高手——

他把完全沒削過的鉛筆，放進嘴裡咬住，然後手掌把鉛筆搓動了半分鐘左右，再張開嘴巴，鉛筆已經削好了。

節目競賽的結果揭曉了，這星期的冠軍，由削鉛筆嘴巴獲得，打敗了吞拳頭嘴巴。

這樣的結果，大家都很接受，並沒有人再不服氣的把木頭鉛筆往嘴巴裡塞。

『……人的嘴巴，還是有很大潛力的啊……』因爲這些競賽節目的啓發，使得我們對於人類將來，累積了更龐大的信心。

大概是終於遇到了同類，覺得很安慰吧，

原本捲起來的皮膚，

在接觸到我的手掌心之後，

只遲疑了兩秒鐘，

就如同天方夜譚的魔毯一般，

勇敢的鋪展開來。

這幅皮膚大概十公分見方，

柔軟溫潤，充滿著甜美回憶的模樣。

a b c d e f g h i
30%
50 CARTRIDGES FOR .38 CAL.
WINCHESTER RIFLE MODEL 1873
CENTRAL FIRE
38 WINCHESTER
SOLID HEAD
MANUFACTURED THE
WINCHESTER REPEATING ARMS CO,
NEW HAVEN, CONN, U.S.A.
COLT
115

身上液體　哪種你最愛？

『你最喜歡人身上流出來的哪一種液體？』

每次拿這個問題問人，被問到的傢伙，十個有八個要想好久，才結結巴巴給一個答案。

真是奇怪的事。同樣是每天都要接觸到的東西，你要是問：『你最喜歡哪一種牙膏？』對方就能毫不猶豫的回答你；可是一旦問到：『你最喜歡人身上流出的哪一種液體？』大家就變得連問題都聽不太懂的樣子。

『因爲既不用花錢去買，電視上也從來不做這方面的廣告，報紙也沒辦過相關的票選排行榜……所以，實在不知道自己喜歡哪一種液體哩……』

一邊搔著頭皮，一邊以這種胡說來代替回答的人，竟然也不在少數。

難道這些人心目中最喜歡，最想要的某位愛人，也是能花錢去買的嗎?!也會在電視上做廣告，在報紙上辦抽獎嗎?!

唉，使用著這種狗屁邏輯的笨蛋，只能以『資本主義遙控木乃伊』來稱呼好了。

所幸努力想了一番，終於作出決定的個案也很多。這確實令人感到欣慰，令人相信大家身上的液體，總算沒有白流。

眼淚最有羞恥心

首先呢，對於『你最喜歡人身上流出來的哪一種液體？』這個問題，吸血鬼都會立刻回答：『人血。』

這是大家意料中的事，沒有什麼討論的價值。可以請吸血鬼先站到白線的這一邊來。

比較令人意外的，是統計出來的結果，最受到歡迎的，竟然是編號第四號的『眼淚』。

圈選『眼淚』的群衆，懷抱著各式各樣的理由。

『因爲眼淚是唯一流出來，卻不會令人尷尬的液體。』抱持這種想法的人，顯然對『汗水』的印象並不好。大概是曾經在不恰當的時

刻流了滿頭大汗，遭到了老闆的輕視；而又剛好曾經在恰當的時刻，流過幾滴眼淚，受到了老師的讚許吧。

另外有一大批圈選四號『眼淚』的，則屬於多愁善感那一國。

『情人的眼淚，比珍珠還要珍貴……』

『男人的眼淚，是男人身上唯一有羞恥心的液體……』

『觀眾的眼淚，能提升廣告量……』最後這種經濟型思考的人，當然也不是沒有。

編號第一和第五的是誰

至於統計結果排名第一的，竟然是編號第十的『口水』，這是很令大家意外的。

『口水有什麼了不起的呢?!』大家不免狐疑的翻看著問卷。

果然，投票給『口水』的，理由實在整齊卻乏味得要命：

『口水能幫助消化』

唔……人嘛，畢竟是有分浪漫型和實際型的。眼淚跟口水，也許可以各自做爲他們城堡的護城河吧。

當然支持『口水』的，也並不都是只顧吃飯的傢伙——

『可以在必要的時候，做潤滑劑使用……』這是一位電影導演的回答。

『可以在必要的時候，從嘴角流下來……』這是一位色狼的回答。

除了『眼淚』和『口水』之外，其他液體雖然平日流量也很大、輸出率也很高，得票卻都偏低。尤其是編號第一和第五、第六的，原

來都呼聲甚高，竟然一起被淘汰出局。

從這次的活動，我們得到了一個教訓：

對於從自己或別人身上流出去的液體，從此我們都應該更加的謹慎……

卡通多麼性苦悶

『卡通片裡的這些傢伙，都是因爲沒機會做愛，才變成這麼暴力的。』他說。

每次在做土耳其蛋捲給我吃的時候，他都會說出這類『很——麻——煩』的話來。

我認爲他一定是因爲把蛋弄成那樣的形狀，心裡對雞蛋充滿了罪惡感，才每次說些這種話，來轉移大家的注意力。

不過，話又說回來，也可能根本是因爲每次他在做晚飯的時候，

我都像個傻瓜一樣，在看電視卡通吧。

噯，不管是因爲什麼，反正他的意見已經說了，我呢，如果還想吃到土耳其蛋捲，就必須努力回答。

卡通多麼暴力

『我喜歡暴力！』——不能這樣說。如果這樣說，立刻會被痛恨暴力的大家，狠狠打一頓。

『我喜歡卡通！』——這就很安全，女人聽了這話，都會覺得你天真有如兒童；男人聽了這話，都會覺得你無害有如白癡。

嗯……那如果我說——

『卡通都很暴力！我喜歡卡通！』

這樣就應該互相抵消，既不會被打，也不會被當成白癡了吧？

『卡通真的有這麼暴力嗎？』——三百四十七位假裝一直不知道這件事的媽媽，組成的『家長恐慌代表團』，立刻以形而上的方式打電話給我，表示她們的關切。

三百四十七對淚汪汪的眼睛，是怎麼一回事呢？

假裝你躺在草地上看著滿天的星星，突然每粒星星都變成了一顆眼球——就是這麼回事。說壓力嘛，也很有壓力；說達利嘛，也很有達利。

『我都只讓他們看唐老鴨和豬小弟喔。』媽媽一號好像代理迪士尼。

『我都只讓他們看小叮噹喔。』媽媽二號好像日本熱水瓶變成的

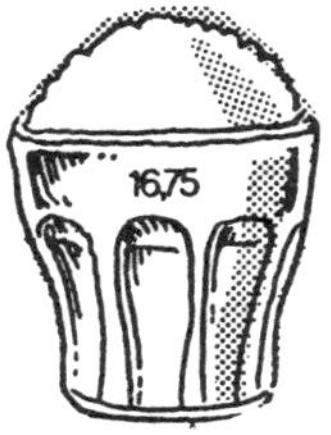

胖妖精。

『我什麼都不讓他們看喔。』嘩，媽媽三號的試管髮型，根本就是辛普森媽媽嘛！

我決定採用『模擬真實』的方法跟她們溝通——

我現場播放了唐老鴨和小叮噹的片段，由媽媽一號和媽媽二號親身體驗。

結果媽媽一號被鍋鏟打扁了臉，又在我的牆上撞出一個人形的洞。

媽媽二號被小叮噹口袋裡的熨斗壓得平平的，從我的傳真機裡傳到不知哪裡去了。

至於媽媽三號，倒還滿完整的，依照我隨便放的兩段辛普森家庭，辛普森媽媽只不過一次去隆乳，另一次跟推銷員有個外遇罷了。

媽媽三號，戴著新的胸部，很高興的挽著金髮推銷員的手臂，走出我的大門。

軍隊也很性苦悶

『你看吧。如果卡通裡這些傢伙，不用這麼性苦悶的話，就不用整天打來打去、殺來殺去了。』

他一邊羨慕的看著媽媽三號幸福的背影，一邊放下一盤美麗卻痛苦的土耳其蛋捲。

啊，形而下的土耳其蛋捲，像土耳其國旗上那輪彎彎的新月一樣，彎彎的躺在盤子裡。

人生，除了性與暴力之外，還是有其他美好的事物啊。

『所以，照你這樣說，軍隊裡和學校裡，如果不這麼性苦悶的話，就也都不會這麼暴力囉？』我覺得土耳其蛋捲真好吃，就以良好的態度回報他。

『唔……軍隊本來就是爲了暴力而存在的，所以才那麼怕軍人彼此相愛嘛。……至於學校……』他笑嘻嘻的看著我：『我可從來沒聽說過哪家學校會性苦悶的呢。』

這傢伙，到底是哪裡畢業的呀？……

販賣機裏那瓶皮膚

瓶子裡裝的，是張捲成一束的皮膚。

我最討厭這樣子的販賣機了。你按果汁的鈕，掉出來的是汽水；你選了沒有濾嘴的紙煙，掉出來的是細得好像被冤枉了似的涼煙。這些都還好，我還有朋友急著要買保險套，結果掉出來痱子粉的呢。

『如果這麼想做魔術箱的話，爲什麼不站到馬戲團裡去呢？』我推了販賣機一下。

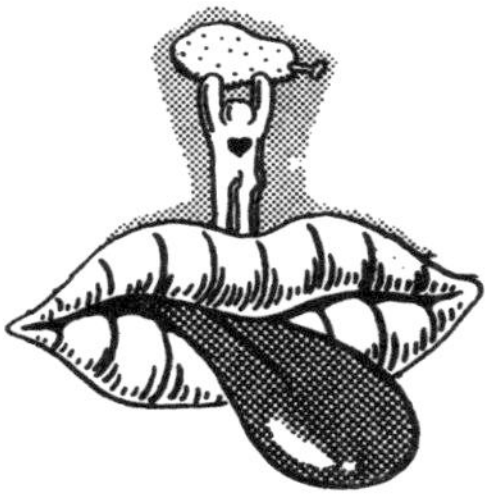

這裡是海灘，太陽很大，我口很渴，身上沒有硬幣了，我手裡握著的，卻是只什麼喝的也沒裝，只裝了塊皮膚的空瓶子。

以這樣子的上帝的心情來判斷的話，下一件事，應該就是大飛蛾魔斯拉的蠶寶寶，從海裡游上來，對著我吐絲了吧。

魔斯拉沒有來

我挑了沙灘上人比較少的角落坐下。

一眼望去，都是光著身子，爲了被太陽照射而努力躺著的人們。

在上面的太陽，看著這樣的景象，心裡會怎麼想呢？

『並不是我的錯啊。』太陽大概會這樣講吧。

我舉起手上的玻璃瓶，對著陽光照一照，發現瓶裡那捲皮膚上，佈滿了美麗的刺青花紋。

『咦？是藏寶圖嗎？』

我用力搖一搖瓶子，沒有聽見任何回答。我怕是瓶子把聲音阻隔了，就拔開軟木的瓶塞，拿出皮膚來，放在手掌心。

大概是終於遇到了同類，覺得很安慰吧，原本捲起來的皮膚，在接觸到我的手掌心之後，只遲疑了兩秒鐘，就如同天方夜譚的魔毯一般，勇敢的鋪展開來。

這幅皮膚大概十公分見方，柔軟溫潤，充滿著甜美回憶的模樣。剛才隱隱約約看見的刺青，圖案是很普通的——刺的是半顆紅心，另外的一半，不用說，刺在另外一塊皮膚上。

是要我替你找到另一半嗎?!

我回想著這塊皮膚出現的經過——捲起來→裝在玻璃瓶裡→出現在海邊→被撿到的人取出來看。

是很典型的求救方式啊。

我對我自己的漫不經心感到無比的抱歉，趕緊向皮膚追問消息。

「是被困在哪一座小島上呢？」

「知道小島的經度和緯度嗎？」

「被困多久了？」

對於我的問題，皮膚都沒有回答。

顯然是在玻璃瓶裡窒悶過久，加上大海中不知多少天的飄盪、販賣機中不知多少天的冰凍，這塊皮膚，已經失去說話的能力了。

那麼，唯一能得知的線索，就是這半顆刺青的紅心了。

到底是要求救？還是要找尋失去聯絡的另一半呢？

我手裡捧著永遠靜默了的皮膚，先望向茫茫的大海，再望向海邊茫茫的人群，不知要怎麼辦才好。

完全幫不上忙的我，感覺到自己真是沒用的人。

『並不是我的錯啊。』太陽慢慢落下去了。

海灘上躺著的人們，也紛紛坐起來，把身上曬透了的皮膚，一大塊一大塊的撕下來，捲一捲，塞進喝完了的空玻璃瓶裡，丟向大海。

『這麼多瓶子中，總有一塊皮膚上，會刺有那另外半顆紅心吧。』

我這樣想著，看著自己左臂上的刺青。

我們半裸著，

既不能說是出於自願的脫下了褲子，

又不能說是被誰強迫著脫下了褲子。

真是奇異的心境啊。

『我們到底為什麼在這裏？』……

這類的問題，開始浮現在心底。

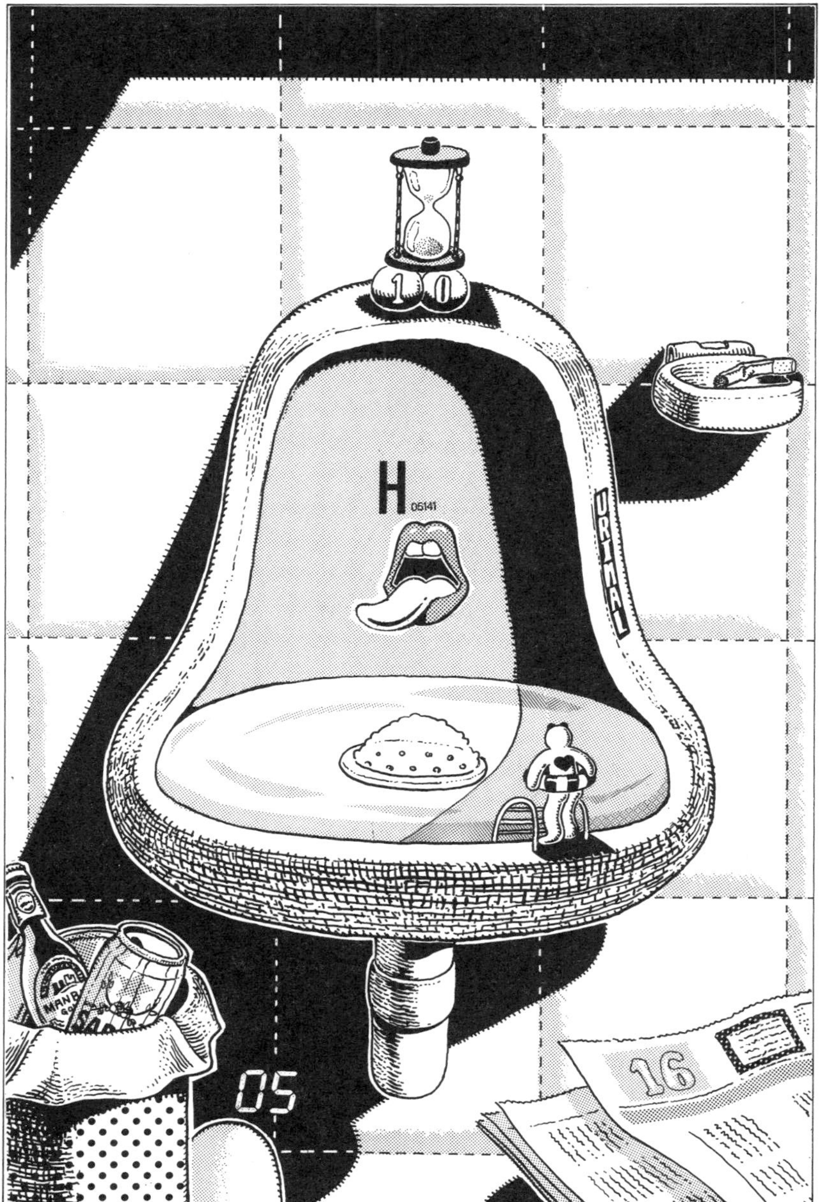
10
H
05141
URINAL
05
16

當舌頭和舌頭相遇

因爲發現櫻桃小丸子能吃到炒麵夾麵包，而感到無比憧憬的我，終於也提出了想吃炒麵夾麵包的可恥要求。

逢單日才主廚的他，雖然對這麼幼稚的要求深感鄙視，並且對我實行了嚴厲的斥責，不過，畢竟還是努力壓抑住心底的失望，而著手進行炒麵夾麵包的烹製步驟了。

啊，可恥又無聊的，炒麵夾麵包。

蔡康永

所謂炒麵夾麵包，無非就是用平常夾熱狗的那種麵包，拿來夾中國式的炒麵吃，說穿了當然就很不稀奇，無非是麵粉以兩種不同的面貌出現，結果又被逼得碰在一起的乏味情景。

這類情景，在人生是隨處都有的啊。

簡直就等於在耶誕節火雞的肚子裡面塞雞肉嘛。

不過這也沒有辦法——

分析起來很無聊的事情，常常就是人們活在世上的重要原因啊。

炒麵和麵包搞在一起，確實很無聊。

雞肉和火雞搞在一起，也還是得到了『無聊』的評價。

那麼，舌頭和舌頭在一起，難道就不無聊了嗎？

理論上，是比炒麵夾麵包更無聊的發明吧——炒麵和麵包，起碼在形狀上就很不一樣；雞肉和火雞肉，吃起來更不一樣。舌頭呢？大家的長相都一樣，構造也一樣，用法也一樣，説穿了，一點也不稀奇。

法國式接吻，炒麵夾麵包，這兩件事情，統統不稀奇。

犀牛肉夾麵包如何？

要講起人類的慾望嘛……稀奇不稀奇，並不太被認真的考慮。只有觀光客這種人，才比較在乎稀奇不稀奇——『這有什麼稀奇?!』——觀光客每次被帶去看老教堂，一定會用到這句話。

至於食慾啦、性慾啦、被讚美慾啦，都不太用『稀奇』作重要標準的。稀奇的項目，所能貢獻的快樂，其實非常有限。

愛吃的人，當然也很喜歡松露啊、鰉魚啊，這些不知道跑到世界上來幹什麼的稀奇東西。可是，那是因爲這些東西的味道好，不是因爲它們稀奇。

犀牛也很稀奇，也沒什麼人愛吃犀牛的。

餃子一點也不稀奇，大家都很愛吃餃子。

和金氏紀錄上的人約會

喜歡做愛的人，當然也不會反對和金氏紀錄上的人碰碰面，可是試過的人就知道，那些什麼七十二吋、二十五公分的，能夠帶給你的快樂，都非常有限。

喜歡被讚美的人也一樣，用最乏味的話加以讚美說：『你真聰明』、『你真漂亮』，對方就會非常的快樂。

你一定要找很稀奇的話來讚美，說：『你頭髮真少』、『你牙齒真亂』的，雖然不是不可以，但對方通常感覺不到什麼快樂。

以上就是，我爲了支持櫻桃小丸子，對炒麵夾麵包這類價值可疑的食物，所作的申辯。至於接吻啦，吃犀牛啦，讚美別人頭髮真少啦這些話，都是我說的，小丸子並沒有委託我說這些。

對於人生無聊的本質，她大概比我專業得多了。

如何剃毛才不變態

『不把這個部位的毛都剃乾淨的話，這一塊皮膚，就永遠都没辦法被嘴唇給親吻到的啊！』——

她嘟著嘴巴，站在鏡子前面，一邊抱怨著，一邊高高舉起修長的……手臂，輕輕刮著美麗的腋毛。

因爲聽見她的話，而立刻興沖沖從廚房跋涉到浴室門口去參觀的我，在發現她所說的『這個部位』，只不過是腋下的時候，雖然不免感到很失望，但倒也暗暗鬆了一口氣。

『喂，我正在進行烤德國豬腳的準備工作，如果不是太重要的事情，就不要打擾我吧！』

我假裝不耐煩的重新戴上我的鐵匠面罩，捧著我的瓦斯火槍，作出要走回廚房去的樣子。

『嗄?烤德國豬腳，需要打扮成德國鐵匠的樣子嗎?!』她很驚奇的看著我。

『什麼德國鐵匠?!這是我的防火面罩啦。』

『噢，防火面罩……咦?德國豬腳……是用瓦斯火槍烤出來的嗎?真是辛苦呀……』她很同情的嘆息著，手上『嗤嗤嗤』的刮著腋毛。

『不是啦，是用火槍燒掉豬腳上的細毛啦，哪有人用火槍烤豬腳的?!笨蛋！』——她羞辱到我，也就算了，但竟然連帶的羞辱到我心

愛的德國豬腳，真是過分。

『唔……告訴你一件無聊的小事：在德國，根本沒什麼人吃烤德國豬腳的，笨蛋！』她的腋毛，『嗤嗤嗤』的掉下來。

我一下子忽然好想念剛剛一個人在廚房抱著豬腳的平靜心情。

納粹黨與德國豬腳

我洩氣的拿下面罩，走回廚房去。經過客廳的時候，被在客廳速讀雜誌的他叫住——

『嘿，過來，這邊有一封自稱色情狂的讀者投書，你一定要看一下！』他對我揮舞著一份某殖民地出的雙週刊。

我乖乖走過去，心裡決定讓待在廚房裡的豬腳先自己獨個兒反省一下——即使是烤豬腳，也不應該隨便跟著別人冒充德國貨嘛。

『……這封色情狂的投書，是在抱怨最近一部色情片拍女主角剃毛的戲，他說他雖然是色情狂，但並不是變態狂，他愛看的是色情片，不是變態的戲，他呼籲……』

他還沒唸完，就被我打斷——

『喂喂喂，怎麼你也要講剃毛的事?!難道今天是世界所有毛的受難紀念日嗎?!』

『嗄?你在講什麼?什麼毛的受難紀念日啊?!』

『問你呀，你也要找德國豬腳的麻煩嗎?!』我頓時覺得好孤單，全世界只有我一個人站在德國豬腳這一邊。

它可千萬別跟納粹黨有關係才好。

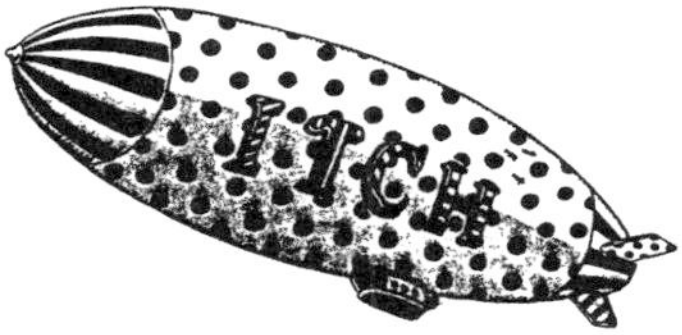

色情狂與德國豬腳

『這跟德國豬腳有什麼關係嘛?!我只是覺得這個色情狂的邏輯好奇怪，才唸給你聽的呀。』

『有什麼奇怪?!色情狂就不可以奇怪嗎?!』

『色情狂當然可以奇怪。』他耐心解釋著：『可是剃毛跟變態有什麼關係，我實在弄不明白。』

『哎呀，這還不簡單，看得到的地方，就應該剃，這樣就很常態；看不到的地方，就不應該剃，剃了，就很變態嘛。』我回答。

『噢……所以，刮鬍子，就不變態？……刮腋毛，只要是因爲會被看到，也不算變態？』

我滿意的點點頭。

『要被多少人看到，才能算很「常態」，才能得到「剃毛准許證」?』他問。

『啊?!多少人嗎?!……呃……人越多越好吧?!……』

『那我問你:色情電影,有多少人看?』

『呃……有……幾十萬人吧……』

『那你的德國豬腳呢?你的德國豬腳,有幾個人看?!』

『呃……只有我自己……』我變得很小聲。

『哈!所以啦,你替德國豬腳剃毛,比起色情片的女主角來,要變態幾十萬倍嘛!哈哈哈……』他很久沒有這麼開心過了。

哼,說來說去,根本還是爲了找德國豬腳的麻煩嘛!

真是很殘酷的世界啊。

沒辦法才上廁所

『有些廁所能夠得到五顆星的評鑑，有些卻只能得到兩顆半……』

他翻著那份雜誌對全國名廁所的評鑑報告，顯出很感慨的樣子——

『整個宇宙充滿了競爭，即使身爲廁所也無法避免，這就是人生。』

他做了這樣的結論以後，定定的看著我，彷彿期望我立刻頒發一座終生成就獎給他的模樣。

『……如果廁所能夠得到五顆星的話，頒一座成就獎給這傢伙，應該也無所謂的吧……』我把雜誌從他手裡拿過來，想像著阿摩尼亞味道的空氣，召喚著眾廁所的靈魂。

得到五顆星的，一座是藍色的公廁，畫滿了跟真人一般大小的很多光屁股，還畫了淺藍的天空、深藍的大海。尿池被畫成破個小洞的樣子，細細的海水從洞口灌進來。尿池的背後，畫成一望無邊的大海。

光屁股的畫像，則各有各的任務，大致上的安排，是男的人像都負責守門，每個剛好堵住一扇女廁的門板，門把手呢、當然就剛好裝在兩腿間的重點部位。

女的則都被畫在男生尿池的旁邊，一個一個畫成探頭探腦的樣

子，很專注的望向來撒尿的男生。

這樣的廁所能夠得到五顆星，應該是因爲公廁與生俱來的寂寞氣氛，被沖淡了很多吧。

思考脱褲的原因

公用廁所，比私用廁所，寂寞。

因爲公用廁所不是我們自己的地方，我們卻必須在公用廁所裡，孤獨的面對自己。

我們坐在白白的馬桶上，坐在白白的日光燈下，日光燈嗞嗞的聲音，馬桶水箱啌啌的聲音，使得我們安靜下來。

我們半裸著，既不能說是出於自願的脱下了褲子，又不能說是被誰强迫著脱下了褲子。真是奇異的心境啊。

『我們到底爲什麼在這裡？』……

這類的問題，開始浮現在心底。

並不是進入裸體狀態，就會想這些事情。比方說，上床時就不會，因爲上床會很忙，不忙就睡著。

只有不穿衣服，又動彈不得的時刻，人會變得很哲學。十字架上的耶穌，馬桶上的我們，都會變這樣。

『……我們到底爲什麼在這裡？……』

公共廁所的牆上，出現了很多文章、宣言、廣告、圖畫。

人躲在公廁裡面嘵藥、打針、寫髒話、自己玩、釣玩伴、割手腕、等待偷窺的機會。

確實是寂寞的地方啊。

有的氣味比尿還重

一整排的馬桶，怎麼樣安排都很爲難。

我唸過的一家學校，裡面的男生體育館有一大排三十幾個馬桶座，雖然有隔間，可是全部沒有門。把門板都拆掉，是爲了防止在裡面打針。如果你從前面走過去，可以看見馬桶上的人，有的在清理指甲、有的在看書、有的隨著耳機裡的音樂又唱又晃、有的就呆呆望著前頭、望著走過的你。

『這樣……應該比較不寂寞了吧。』

人們，爲了減輕孤獨的氣味，經常做出可笑的事情。

做愛的姿勢很可笑，可是爲了減輕孤獨的氣味，沒有辦法。坐在一排沒有門板擋住的馬桶上也很可笑，爲了減輕孤獨，沒有辦法。

上廁所，從頭到尾，是一件沒有辦法的事情。

想到一部看了很久的色情片——

有幾個大男生跑到鄉村去遊玩，

到晚上覺得很無聊，就從田裡偷來一個大西瓜，

在西瓜上面挖了洞，

幾個人把根本不知道發生了什麼事的西瓜，搞得亂七八糟。

『真是很無辜。』西瓜一定這樣想。

也不一定。也許西瓜覺得很新奇呢？

『老是被吃掉』，這才令西瓜感到疲倦吧。

05
16,75
L
25-30
Shampoo

哪有『初夜』這回事？

第一次的戀愛，叫做『初戀』。這個我已經搞清楚了。

第一次的做愛，叫做『初夜』。這個……就完全搞不清楚了。

『塞車塞到根本走不動。』──這樣意思就很清楚。

『攜手共度交通黑暗期。』──這就完全搞不清楚是怎樣的意思。

聽起來好像要慶祝什麼節日，又好像國家被敵人佔領了。

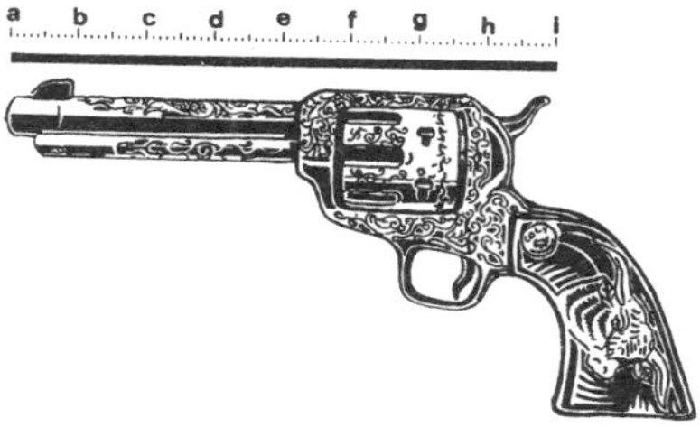

所以，『初夜』這兩個字嘛，也一定會越來越感覺自己作爲一個名詞，實在鬆垮垮的、模模糊糊的、土土的、傻傻的，就像一個被擱了十分鐘，才端到你面前來的雪人聖代、巧克力的眉毛，可憐兮兮的倒掛下來。

『夜』字有問題

初——夜。

第一次做愛，真的都在夜晚嗎？

我決定先來問問女生。

『噢……是要來問有關初夜的事情嗎?!……』電話另一頭的一位媽媽，弄明白了要問的問題以後，替我叫她的女兒來接電話。

『馬上就來了，請你等一下。』媽媽在電話那一頭說。

『呃……可不可以請媽媽也回答一下呢？』我問。

『哦，這個嘛……請讓我想想看吧……』

你一定不會相信，我用電話訪問的一百位女生，從十七歲到七十歲，每一個人都先說這句——

『請讓我想想看。』

七十歲的婆婆，當然需要想想看；十七歲的女孩子也要想想看，太臭屁了吧。

大概遇到別人很正經的問題，就都會自然做出努力思索的模樣吧。真可愛。

訪問結果是這樣子的：

一百位女生當中，有六十六位回答：『不是在夜晚，但確實是在

黑暗中。』

『在黑暗中』：包括在學校放排球的儲藏室、停電時的電梯、後台的道具堆、拉上窗帘的病房、汽車底下、床底下。

有八位回答：『在夜晚，可是不在黑暗中。』

有二十一位回答：『黑暗的夜晚。』

只有四位回答：『既不晚、也不黑。』

另外有一位的回答是：『從早晨，到另一個早晨。』

『初夜』的『夜』字，原來是白夜。

『初』字更有問題

女生的答案，起碼都很有答案的樣子。

男生的答案，簡直像不小心翻開練習介系詞的造句簿——

『地震的那天』、『拆石膏之前』、『那次連錢都沒帶夠』、『那隻狗叫小白』……

不過，沒有人說：『讓我想想看。』

百分之二十的男生，一問就馬上說出來，顯然是跟朋友吹牛比賽時已經很順口的慣用答案。

百分之三十的男生，只說：『想不起來了。』就繼續灌酒、敲桿、打電動、打領帶、修馬桶、倒車入庫。

最大多數，百分之五十，認爲『根本說不出哪一次算第一次』。

爬樹那次算不算？

用汽水瓶那次算不算？

即使很榮幸的對方終於不再是樹，不再是瓶，而終於是個活人了，也還是有各種的『這樣算不算』、『那樣算不算』。

算來算去，算出各式各樣的第一次來，不過就是沒有適合叫做『初夜』的第一次。

這樣說來，那一百個承認有第一次的女生當中，豈不是有八十個，早就被對方從記憶裡隨手丟出來了？

是有這樣子的事情囉，被拿來擤完鼻涕的面紙，依然都粉紅粉紅的柔柔飄動著哩。

兩腿開開做什麼？

男生老是要把腿張開，女生老是要把腿併攏。

這真是太奇怪了。

在床上的時候，不是女生老是把腿張開，男生老是把腿併攏的嗎？

所以，一定是這樣子了——在床上做的所有事情，下了床都要反過來做：

在床上平躺，下了床就要站直；在床上眼睛閉起、嘴巴張開，下

了床就要眼睛張開、嘴巴閉起；在床上一直像不要錢似的說『我愛你、我愛你』，下了床就連『我送你到門口』都不說。

原來，人這麼害怕會洩漏在床上的樣子啊。這件事，如果被床知道了，床馬上就會驕傲得像月球一樣，連地心引力都不要了。

從此大家飄浮在空中做愛。

口是心非的裙子

就爲了腿開開和腿併攏這樣平均四十五公分的差距，好多東西被發明出來。

跨著騎的摩托車和併攏腿騎的摩托車。

跨著坐的馬鞍和側著坐的馬鞍。

兩條管的褲子和一條管的裙子。

可以用兩根吸管一起吸的玻璃杯紅茶，和只能用一根吸管的鋁箔包紅茶。

？？？……最後一項好像沒有什麼相關吧？……

這些東西當中，裙子是最口是心非的。

窄裙假裝是最正經的裙子了，這麼窄，窄到走路時兩個膝蓋都磨擦出火花來，根本不可能讓你把腿分開，所以辦公室的女生要比較正式的時候，都穿寬肩的上裝配窄窄的窄裙，好像一個一個『別克』汽車的標誌那樣走來走去。

結果呢，辦公室的男生根本不管什麼腿開開腿不開，他們只管看被窄裙包紮得像禮物又像食物的屁股，心裡想的呢，當然還是床上那些事情。

『啊，真是壞死了！』假裝生氣的女生，也不知道是在罵窄裙，

還是罵男生，反正統統都嘟起嘴巴去換裙子了。

換成寬寬的大裙子。

大裙子？？？

大裙子，更是口是心非呀。兩條腿張得開開的，可是被裙子擋住，別人看不見，就假裝什麼事情都沒發生。

『如果腿分得開開的，又剛好被別人看見了，會怎麼樣呢？……』穿上寬大裙子的女生，把問號裝在頭上這樣想著。

會怎麼樣？你看看瑪麗蓮夢露站在地鐵出風口上的那張照片，就知道會怎麼樣了。

『啊，爲什麼要蓋捷運，不要蓋地鐵呢?!真是的……』大家眼睛幽幽的望著空中的捷運，女生很怨、男生很幹。

在床上張開腿的男生

至於穿褲子的男生嘛，就好像兩個膝蓋在參加拔河比賽一樣，左邊的就一直往左，右邊的就一直往右，意思是腿張得越開，就越男人那樣。

即使只是蹺蹺腳，也要把兩個膝蓋的距離盡量拉遠，讓兩腿盡量分開，不這樣就不放心似的。

一定是因爲只要一把膝蓋靠攏、兩腿併緊那樣坐，就會被說是像女生吧。

女生呢，如果穿著長褲、又大大分開了腿的坐著，也立刻會被說是像男生吧。

其實，不是什麼『像女生』、『像男生』的問題。是因爲不小心露出了床上的姿勢，大人都覺得受不了，才努力教導男生開開、女生

併攏的吧。

這樣亂教亂教，要負責任的喔！

以後男生上了床，也照平常那樣把兩腿張得開開的躺著，看你怎麼辦！

鏡中尋找新男人

鏡子裡出現西瓜？

早晨起床，對著鏡子很勇敢的大喊一聲：『赫！今天開始，做一個新男人吧！』

鏡子裡，出現了一個西瓜。

西瓜？

西瓜跟新男人有什麼關係？

貓咪跟口香糖有什麼關係？

我想了半天，擠牙膏的時候想一想、按摩頭皮的時候又想一想，只想到一部看了很久的色情片——有幾個大男生跑到鄉村去遊玩，到晚上覺得很無聊，就從田裡偷來一個大西瓜，在西瓜上面挖了洞，幾個人把根本不知道發生了什麼事的西瓜，搞得亂七八糟。

『真是很無辜。』西瓜一定這樣想。

也不一定。也許西瓜覺得很新奇呢？

『老是被吃掉』，這才令西瓜感到疲倦吧。

至於電影裡那幾個男生，後來有沒有把那個西瓜吃掉，我就不記得了。

所以——你的脖子可能已經彎彎的，下巴往內移、眼睛往上看，像學生聽到老師要洩漏考題時的模樣。

我的牙刷在杯裡彎彎的插著，也是這個表情。

我的牙膏被擠成眼鏡蛇站立的姿勢，也擺出這個表情。

所以——『是要談新男人選擇性伴侶的心態嗎？』

『不是。』

『那麼，是要談新男人觀看色情電影的心態嗎？』

『不是。』

『呃……那麼……關於「新男人」的人生……』

『就是在示範新男人的思考方式呀，傻瓜！』

後來，訪問刊登出來了——

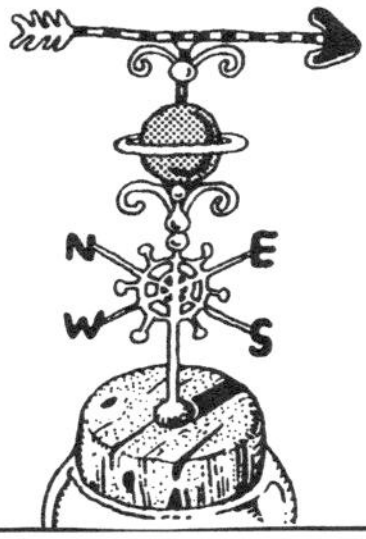

（……百分之五十以上的受訪者表示：新男性一定要尊重性伴侶的感受，不能像對待一個西瓜那樣。另外，有百分之三十六的受訪者表示：新男性之所以看色情影片，是為了確定以男性為中心的色情工業，不再完全以剝削女性為手段，也可以多元化的考慮各種動植物、瓜果、冷凍食品……）

鏡子裡出現村上春樹？

早晨起床，對著鏡子很勇敢的大喊一聲：『赫！今天開始，做一個新男人吧！』

鏡子裡，出現了村上春樹。

村上春樹？

『叩叩叩』我敲一敲鏡子：『喂，確定不是卡爾維諾嗎？』

『恐怕不是的。』鏡子答。

『也不是菲立浦狄克？』

『恐怕不是的。』鏡子依然以英國管家那種瀕臨崩潰邊緣的克制與安詳，作爲回答的基調。

『也不是馬歇爾埃梅？』

『不是彼得凱里？』

『不是希席赫爾曼？不是曼紐普伊格？不是豪赫伊瓦根戈帝亞？不是伊斯萬珥肯納？威廉包洛甫？高橋源一郎？都不是？？？』

『很抱歉，恐怕都不是的。』鏡子回答：『況且，您所提的這幾位作家，大部份都不願意這麼早就出現在別人廁所的鏡子裡的。』

『所以……確定了？真的是村上春樹了？』

『非常確定了。』

『好吧。』我安撫的拍拍鏡子的肩膀，轉臉望向鏡子裡顯得非常無聊的村上春樹。

『村上先生，您覺得「新男人」是什麼樣的呢？』

『我搞不清楚。很多事情是上了年紀依然搞不清楚的。』鏡子裡的作家咕咕噥噥的回答了，好像他的面前不是我，而是一團蛋形的白色氣體，正在鼓動他回去睡覺那樣。

『嗯。』我知道這句回答，是從他的哪一篇小說引來的。

『那麼，新男人是如何看待女孩子的呢？』

『事實上，年輕女孩子裡面，十個有九個是無聊的化身。』鏡子裡的村上春樹，顯得非常心不在焉，大概是正在用空想的鍋，裝滿了空想的水，煮著整把空想的義大利麵吧。

『嗯，太好了。』這一句出自哪篇小說，我也知道。

『那麼，在性伴侶的選擇上，新男人是否有什麼樣的原則呢？』

『送我太陽眼鏡的地鼠，或者穿著高跟鞋的大象，我都還是不會考慮的。』鏡子裡的村上春樹，看起來是更加無聊的表情了，就像一個高爾夫高手和一個生手編成一組時的那種表情。

所以，我決定最好不要再追問他跟袋鼠以及海驢的關係，放他回去睡覺吧。

『就這樣了，謝謝您對新男人發表的意見。』

『噢，就是這樣。』鏡子裡的村上春樹，仍然引用著他小說裡的句子，跟我道別：『相信總有一天，我會在遙遠的世界一個奇妙的場所遇見我自己……一定在某個地方有這樣一個奇妙的場所。』

村上春樹，從鏡子裡消失了。

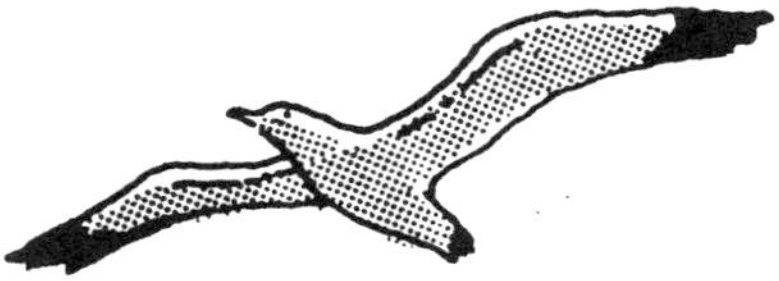

村上春樹？

村上春樹談『新男人』？

怎麼樣？有什麼不對嗎？我已經跟鏡子再三確認過了的。不是村上春樹，難道是海明威嗎？

難道是杜思妥也夫斯基嗎？嗤！

鏡子裡出現自己？

早晨起床，對著鏡子很勇敢的大喊一聲：『赫！今天開始，做一個新男人吧！』

鏡子裡、出現了我自己。

我自己？？？

這下子，鏡子的框立刻變成了郵票的齒狀白邊，我的臉扁扁的，像個伙食欠佳的犯人，『碰』一聲——被『新男人』的郵戳重擊在鼻子上，變更扁。

無辜的西瓜，沒有性別成見的西瓜，高度風格化卻還是很自然的西瓜，瀕臨粗俗結果很漂亮又很甜的西瓜。

散漫的村上，自由自在的村上，聰明到覺得聰明也很麻煩的村上，說老去就老去，說年輕就年輕的村上。

原來都是同樣會被郵戳重重敲一下的郵票啊。

『赫！要勇敢，也是勇敢得起來的！』

我們三個都有了這樣的覺悟。

既不會怕舌頭在背後輕輕的舔，也不害怕郵戳從正面戳過來。

『咦，是嗎？有這麼多ＧＡＹ嗎？那為什麼我們都遇不到呢？
為什麼我們釣來釣去，都老是同樣的這幾個呢？』

如果你是ＧＡＹ，一定會這樣問吧。

說起來，真是不好意思。

這本來就是一個很缺乏的世界，
每一道菜端上桌，吃肉的就覺得肉很缺乏，
吃蔬菜的就覺得蔬菜很缺乏。

真沒辦法，就是這個樣子。

k
8
Q
p

小便姿勢討論會

有些女生硬是要站著小便，同樣的，也有男生小便時一定要坐著。

每個人有每個人的喜好，這是個自由的世界。

『我和我的管家到柏林，住進飯店的那一天，是管家先生這一生看見抽水馬桶的第一天。』正在爲我準備小豆蔻馬薩拉茶的印度朋友，忽然開始講故事了——

『管家先生凝視著馬桶，問我怎麼用。我就指一指把手，示範的

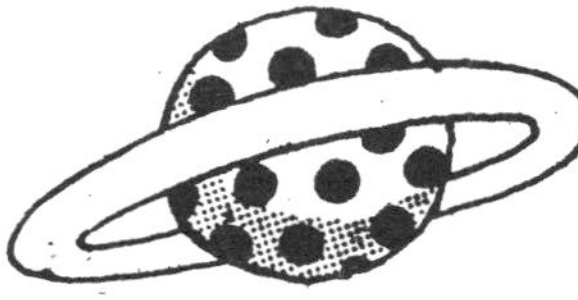

沖了一次水給他看。他立刻就學會了，向我表示很容易。然後，他緩緩的從行李中，把髒衣服拿出來，放進馬桶裡，像放進恆河的河水裡那樣，攪一攪，就沖一次水，再攪一攪，再沖一次水……』

我聽到這裡，覺得很困惑。

這當然是個很不錯的故事，既有其宇宙之共通性，也很有道德上加以申論的空間，可是，這跟我正在講的小便習慣，有什麼關係呢？

『確實是很好的馬桶故事……可是，跟小便有什麼關係呢？』我問我的印度朋友。

『吭？你是在談小便嗎？我以爲是在談自由的世界呢！』他怔怔的回答。

啊，原來是這樣的邏輯。

的確，要說到世界的自由，用小便的姿勢也說得通，用馬桶的功能做說明，也未嘗不可吧?!

這個世界越自由，就越沒有效率，這是大家都已經知道的事情。

聊天的效率，也沒有豁免的特權。

馬桶圈上的腳印

『……而且，小便的姿勢，和馬桶也還是很有關係的哩……』爲我煮了魚湯的挪威朋友，一邊把湯舀到碗裡，一邊說——

『我以前有個同學是日本人，她每次上完廁所，換我進去上的時候，都會看到馬桶的圈圈上有兩個鞋印。我那時候就很害怕，以爲她喜歡偷看，每次都假裝上廁所，然後站在馬桶圈圈上，偷看隔壁的同學……』

『咦?你們學校的廁所隔板上面，都沒有人挖好偷看的洞嗎？』

印度朋友問挪威朋友。

『呆子！只有你們男生的廁所，才會挖那麼多洞啦，我們女廁所……』

『不對不對。』印度朋友打斷她的話：『我看錄影帶裡面你們女生廁所也——』

『呃……結果你是怎麼發現日本同學並不是爲了偷看，才把腳踩在馬桶兩邊的呢？』我開口以便幫助話題回到正常的軌道。

聊天的效率，可以犧牲一次，不用犧牲兩次。

『那還不簡單，有一次趁日本同學上廁所的時候，我就走進她隔壁那間，站在馬桶圈圈上偷看過去，才知道，她都是踩在馬桶圈上面小便，並沒有在偷看啊。』挪威朋友，笑嘻嘻的，把一碗魚湯推到我面前。

凡爾賽宮無廁所

『唉，能夠在屋頂下坐著小便，是值得珍惜的福分啊……』我的法國朋友，打開了一瓶苦艾果子酒，聞了聞，繼續說——

『我們的楓丹白露宮，還有凡爾賽宮，原本都是沒有廁所的。當時除了國王擁有藏著便器的華麗座椅，所有爵爺貴婦，都要自己到庭園裡去解決的。只有國王，才能在屋頂下，才能坐著啊！』法國朋友感嘆著，爲我倒了一杯苦艾酒：『想想看那些貴婦，都穿著降落傘般的裙子哪！』

事已至此，我充分的覺悟到：聊天的效率，完全沒有追求的可能。

以性別差距論展開的話題，被印度朋友轉向了貧富差距論，再被挪威朋友轉向了文化差距論，而終於流浪到了法國朋友的階級差距論，做成了悲傷的結束。

在這樣自由的世界氣氛裡，我們紛紛舉起了馬薩拉香茶、庸鰈魚湯、苦艾果子酒，碰碗碰杯，暢飲起來。

以討論各種小便姿勢開始的聚會，卻以狂飲各式各樣的水酒湯汁做結束，這份把無奈釀製成快樂的苦心，應該也是很能得到大家諒解的吧。

身不由己的啦啦隊

卡片上印著聖女貞德、眼淚汪汪在祈禱——

『上帝啊，世界上可還有一個不是GAY的男人嚒？』——卡片裡面，印了這樣一行字。

我笑嘻嘻的買了三張。沒辦法，認識太多個這麼倒楣的女生了。

『咦，是嗎？有這麼多GAY嗎？那爲什麼我們都遇不到呢？爲什麼我們釣來釣去，都老是同樣的這幾個呢？』

如果你是GAY，一定會這樣問吧。

說起來，真是不好意思。這本來就是一個很缺乏的世界，每一道菜端上桌，吃肉的就覺得肉很缺乏，吃蔬菜的就覺得蔬菜很缺乏。真沒辦法，就是這個樣子。

男人喜歡男人，女人喜歡女人的這一國，雖然嚴重缺乏，但也並沒有聽說男女相愛的那一國，情況有樂觀到哪裡去呀。

會說的就說，會做的就做

唯一不缺乏的，大概是話題吧。

這麼多人，有的是在做總統，有的做教宗，有的做老師，有的只做愛，大家都好像約好了似的，很喜歡講性的事情。

因爲性已經變成很好講的事，而且可以做出很正經的表情，講成很嚴重的樣子，大家都高興極了，一直講，寫很多書。

這些人當中，教宗可能是比較不愛講這個的，可是有好多牧師神父都愛男生，害他賠了很多錢，他又不能都去怪十字架上的耶穌穿太少、太憂鬱、太迷人，所以他只好自己找些話講講，雖然很傷腦筋，也是沒有辦法。

做總統的呢，一做到了就趕快想：『我要怎麼樣，才會跟前面那個總統不一樣？』那前面的人都講過墮胎啦、強暴啦這些男生跟女生的事，那他就來講講軍隊裡的男生可以互相愛好了。

跟女生一國的男生

做老師的最高興，上課竟然可以講跟睡覺有關，可是學生不會睡著的事，而且講到學生既睡不著，又聽不懂。很多努力爲女人爭取權

利的老師，也很用心想：『男生當中，誰可以拉過來跟我們一國呢？』——只要是被臭男人欺負的，都來參加吧！喜歡女生的女生、喜歡男生的男生、喜歡男生的女生，一起在努力著，嘿、嗬、嘿、嗬。

所以就變成這樣囉，一講話就有人非聽不可的這些傢伙，全都很驕傲的炫耀著這個被二十世紀末申請了專利的話題。就算是上面那個上帝，和下面那個魔鬼，也被自己亂弄弄出來的疾病逼著，不得不大聲的互相說話呢。

『不說這個，會顯得很老土吧。』彼此弄得灰頭土臉的上帝和魔鬼，覺得很無奈。

所以我建議貞德——

貞德啊，不要再老土了。你一定要祈禱的話，就祈禱上面那位不知道在想什麼的老伯伯，賜給你去戀愛的力氣，而不要再賜給你只認得出男人的眼睛吧。

啦啦隊再怎麼努力，總是不能代替選手上場去的啊。

海底做愛，有人偷拍

『哈！有兩隻同性的章魚在做愛的時候，被美國的科學家拍到了。』

他把《今日美國報》的科學版『唰』一聲蓋到我臉上。

『唔……美國終於也擁有了這麼無聊的科學家嗎？……』——我真心希望能繼續睡下去，爲了這種偷拍人家做愛的科學家，竟然必須張開眼睛，即使對我這樣的人來說，也還是要求太多了吧？

『笨蛋！怎麼會說出這樣子的話?!是不是美國的科學家，根本就不是重點啦！』──他把切水果的刀用力一剁，把本來睡很熟的我、以及本來就很熟的五顆番茄，一起嚇得醒過來。

唉，章魚一定沒有想到，牠們隨便在海裡亂七八糟做一個愛，竟然會連累了番茄和我都不能好好睡覺哩。

『啊，雖然不是我們的錯，也還是請接受我們的道歉吧。』──海底的章魚，仰起頭來這樣幽幽說著。

牠們本來還要把手舉到眉毛邊敬禮的，但是因爲手太多隻，而眉毛完全沒有，這件事情就暫時放棄。

『喂，喂，喂！要醒就請你完全清醒過來好嗎？』他用刀柄敲著桌面──『是在跟你談生物學上的新發現哪，你嘀嘀咕咕在講些什麼呢?!』

番茄們一副『不關我的事』的表情，看來只有由我繼續擔任對話的任務了。

兩隻手都變右手

『嗯，好吧，重點不是美國的科學家，那麼，是什麼呢？』——我一旦對情勢有了覺悟，就不再逃避，換檔到樂觀的心情，把報紙拿起來讀——

『重點是章魚，對不對?!重點就是發現了章魚也會做愛，對不對?!這真是太好了，我真爲他們感到高興！』——對於科學上沒完沒了的各種匪夷所思的發現，我常常是除了爲他們感到高興之外，就不知道要做什麼才好。

『講什麼嘛，大笨蛋！』他簡直氣得快要昏倒，要拿雞蛋卻拿成了番茄，把番茄在鍋沿上敲了又敲，像表演花式摔角的選手在用力的表演——

『章魚做愛有什麼稀奇的?!』他越敲越激動：『性別相同才稀奇呀！明白了嗎?!重點是性別相同！是兩隻公的章魚在做愛！這才是重點所在啦！』

等他停止叫喊的時候，可憐的番茄已經卡在鍋沿上了。看起來很像鍋子被他打過，頭上腫起一個包。

『噢——原來這才是重點。』我很想吃到他烤的釀茄子塞番茄，所以就很合作。

可是，兩隻都是公的，真有這麼了不起嗎？

如果我的兩隻手都是右手，我才會開始覺得有一點點了不起哩。

R.

說不定平常就這樣

『呃……章魚平常，是不太這樣子的，是不是？』我小心翼翼的問。

『我怎麼知道?!就是連科學家都搞不太清楚這事情，才值得興奮哪！』他很興奮的把一粒一粒切好的方塊番茄，塞到剖開的茄子裡。

『那他們怎麼知道這兩隻章魚是在做愛?!』我問。

『咦，你不會自己讀報紙嗎?!』他拿起報紙來唸：『雄性章魚，把觸鬚狀的性器官，伸入對方的背腔中，這樣維持了十六分鐘，其中較小的那隻章魚，在最後六分鐘出現了劇烈喘氣的情形……』他唸的語調，實在很不莊重，恐怕是《今日美國報》發行以來，被人唸得最不莊重的一次了。

『這也不能就硬說人家是在做愛呀。』我打抱不平：『也許只是像猴子那樣，互相抓抓癢罷了。不用太大驚小怪吧？』

『可是，都已經把性器官放進去了吔！而且，都是公的哦！』他這麼著急，真不知道關他什麼事。

『你還不是把番茄放進了茄子裡面去。』我指一指盤子裡：『而且，你也沒有先搞清楚這個番茄、跟這個茄子的性別相不相同吧？說不定，也是兩個公的哦？或者，都是母的也不錯啊！』

我說得很起勁，所以就來不及阻止他把那盤番茄塞茄子，倒進了我的金魚缸。

『喲，今天吃得這麼豪華嗎？』缸裡的胖金魚，大概只關心這類的事情吧。跟我的風格倒滿接近的哩。

借住在皮夾和皮包裡的保險套們，
前面擠著很多張煞有介事的金融卡，
後面擠著印滿偉人臭臉的鈔票，
會不會很不自在呢？
如果申請開一家妓院，
結果被分配到中央銀行和總統府的中間，
也會對大家都很辛苦吧。

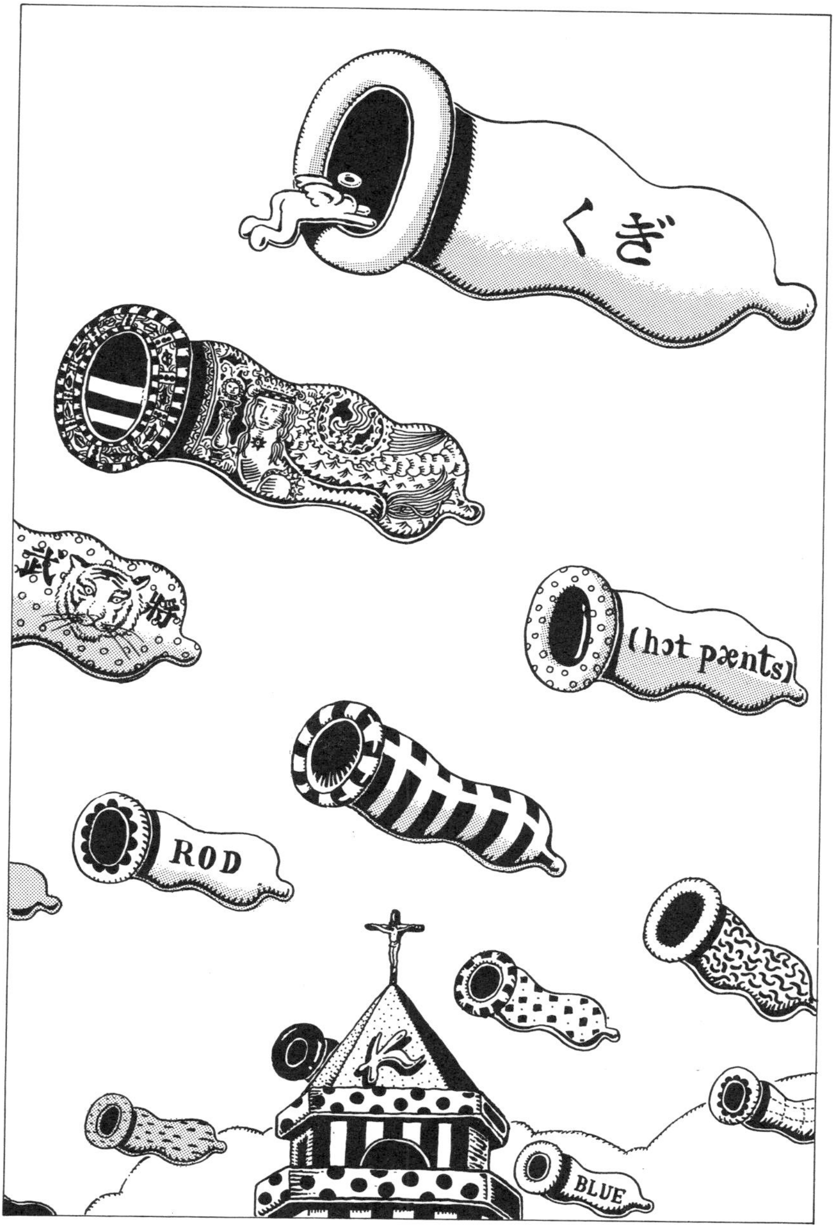
くぎ
武將
(hɔt pænts)
ROD
BLUE

脫衣舞與穿衣舞

跳脫衣舞的人很多，卻沒有人跳穿衣舞，這是怎麼回事？

脫衣和穿衣，不都是同樣的內容嗎？——一個光溜溜的身體，還有幾件傻瓜般軟趴趴的衣服。一定要說有什麼不同的話，也只不過是出現的順序不同罷了。

跳脫衣舞的時候，首先出現衣服，最後才出現光溜溜的身體。

如果跳穿衣舞的話，那就先出現光溜溜的身體，然後才出現衣服。

只不過是這樣子順序上的不同，脫衣舞就大家都搶著看，穿衣舞就連提議的人都很缺乏。人類的腦子裡到底在想些什麼，實在是沒有理解的可能了。

給你看又不要看了

『別關燈，我要看。』——每次戲演到男女主角上床，就常有女主角在無可奈何的表情陪伴下，慢吞吞解開了兩顆釦子：

第——壹——顆——

第——貳——顆——

那種速度好像是偷了別人的提款卡去提款的時候，按下心中猜測的密碼的速度。

等到要解第三顆了，女主角就會伸手去關電燈。這時電燈雖然覺得自己很無辜，但也並不會說出『喂，是你們自己要做的，少來煩我吧』這類的話來。說話的，一定是男主角——

『別關燈，我要看。』他說。

『咦，萬一他不說呢？萬一他不說這句話怎麼辦？』

自作聰明的傢伙，得意洋洋的對我提出這種問題。

萬一他不說，畫面就黑下來，下一場就是起床穿衣服的戲了嘛，笨蛋！

奇怪的是，拍脫衣戲時扭扭捏捏的女主角、或者是剪接時扭扭捏捏的導演和剪接師，一旦遇到了早晨穿上衣服的戲，就突然變得精神百倍，理直氣壯，很神氣的站在明亮的窗邊，以很有效率的指法，一溜煙的扣上了釦子，嘴裡還很振奮的說著『八點半要和根特先生開

會』這一類的傻話。

『大家都同樣是釦子，何必用這麼懸殊的態度呢?!』昨晚的釦子，一定會有這樣的感慨吧。

對啊，真怪了，好像脫衣跟穿衣是不相干的兩件事似的。那個說『別關燈，我要看』的傢伙呢?難道也不要看了嗎?!喂，別忘得這麼快吧，是同樣的那個身體啊。

搞什麼嘛。

校長主席請穿衣好嗎?

由實例的列舉，可以得到令人絕望的結論——即使是同一個身體、同一件洋裝，脫衣的過程就引起高度的興趣，穿衣的過程就被當作是校長訓話一般的乏味。

原因在哪裡？

原因很簡單，看脱衣舞的樂趣，是拆禮物的樂趣。禮物本身的價值，往往遠不及禮物所引發之期待感的價值。性高潮的快感，往往遠不及性舉動所引發對高潮之期待的快感。任何事在未揭曉之前，所能引發的快樂都是無可限量的。

一旦你把順序顛倒過來，一開始就端上桌光溜溜的身體，就端上桌哇哇叫的高潮，那麼，雖然是一模一樣的同一個身體、同一次高潮，對方都會變得興味索然的。

那麼，穿衣舞這個構想，是注定要失敗的囉？

也不用這麼悲觀。如果有哪位校長、或者哪位主席，某天突然決定要裸體上台、發表募款演說，台下的大家也許都會因爲慘不忍睹，而紛紛把錢丟到台上去，請肇事者儘快把衣服穿上吧。

所謂的什麼慈善基金啦、政治捐獻啦，常常無非就是這麼回事。

耶穌穿得可真少

耶穌爲什麼穿得這麼少？

每次我看到了十字架上的雕像，都忍不住要打量一番。一方面看看耶穌上半身跟下半身的比例，另一方面呢，研究一下祂腰上那塊布，這次是怎麼掛住的。

根據不同的設計與製作，腰布的被掛住，確實有著不同的技巧。有時候綁了很明顯的結，有時候像洗三溫暖那樣圍塊毛巾的風格也有。

像格林勒華特就用抹布給祂扎扎實實的在正前方打了個大結；卡拉瓦喬的結就比較小，打在右邊；喬托用了半透明的布裹到膝蓋；安基利訶修士用了全透明的布，高於膝蓋二十公分左右；拉斐爾呢，則給祂穿了柔嫩粉紅色的三折圍腰。

把這些畫像一字排開的話，二十世紀末的內褲王子卡文克萊只能把嘴巴張得大大的，連嚥口水的時間都沒有。

可是，對著十字架上的耶穌猛嚥口水的，可也絕對少不了哩。

眾大師共襄盛舉

導《機器戰警》的荷蘭人范赫文，還在荷蘭拍電影的時候，拍過一部《第四個男人》。戲裡那個男作家只喜歡男孩子，沒事在教堂望著牆上的十字架耶穌，眼睛一花，十字架上的人就變成了他朝思暮想的美麗男孩，只穿條小內褲，在架上對他展露著美好的身體。

爲了求證，我不免向幾位信基督教的朋友打聽一下這種『眼睛一花』的『靈視』經驗，果然立刻遭到無情的圍剿，出乎意料的，被圍剿的並不是我的道德高度；被圍剿的，是我的智商高度。

『廢話！你以爲祂沒事穿那麼少，把胸部大大張開的掛在上面，是爲了好玩啊？』

『你以爲祂金髮藍眼是天生的啊?!不是應觀衆要求，難道是爲了配教堂的牆壁顏色啊?!』

類似這樣的鄙視句，不斷打到我的頭上來。

對我這些基督教朋友來說，像我這樣的無神論者，最可惡的地方，正在於這種『有眼不識耶穌之美』的遲鈍反應吧，白白浪費了幾百年來這麼多大畫家的苦心設計。

性加暴力一人秀

如果連電影裡二十世紀末見多識廣的作家，都還是忍不住就要眼睛這麼花一下的話，可以想見終生自閉在修道院的修士修女們，每二十四小時眼睛發花的頻率了。

永遠空白的牆壁，唯一裸露，而且可以公然瞪之望之、吻之抱之的，只有俊美耶穌的身體哪。

祂那塊短到不能再短、薄到不能再薄的腰布，到底默默包裹著多少寂寞靈魂的火熱夢想?!到底靜靜掩蓋了多少驚天動地的狂野掙扎?!

受難圖裡的耶穌，可不只裸露而已。祂也常常從傷口標出鮮紅的血來。一個人，從不開口說話，動也不動一下，就融合了性與暴力的超級偶像，唯有耶穌而已。

把內衣穿出來的瑪丹娜，把內褲穿出來的麥可傑克森，就算雇了全世界最好的舞者，在台上瘋狂的舞動，也競爭不過那一塊紋風不動的、固執的小小腰布啊。

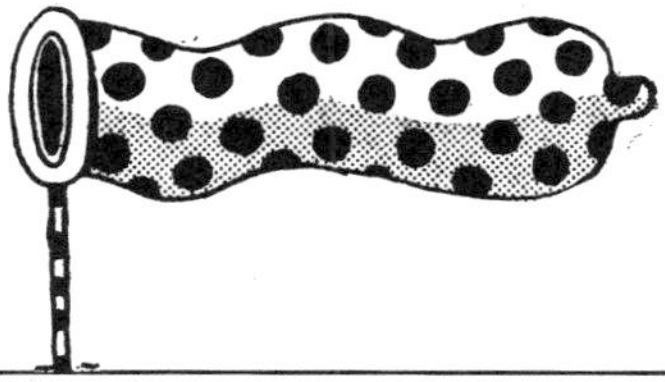

保險套你往何處去

保險套，不能以比較含蓄的模樣存在，真是很可惜呀。

怎樣才算『比較含蓄的模樣』呢?舉一個例子來說：舌頭，就是以很含蓄的模樣存在的——雖然常常要用到，可是並不會老是在大家的面前晃來晃去，讓大家很不好意思。

聽到這裡，保險套一定會抗議了：『這一點我們也做到了啊。我們也沒有「老是」在大家的面前晃來晃去呀。』

重點是，舌頭即使在被用到的時候，也是高度含蓄的——就算你把舌頭從嘴巴裡伸出來，也並不會覺得舌頭是在揮著手臂大叫：『我要做愛了喔！我要做愛了喔！』

舌頭伸出來，可能是舔棉花糖，可能是扮鬼臉，可能是因爲在校長面前放了一個屁，誰也不能肯定——舌頭伸出來，就是要接吻，就是要做愛。

這樣一比，就不能不很遺憾的承認，舌頭比起保險套來，確實是含蓄得多了。

原因很簡單——舌頭有很多種身分，保險套只有一種身分。

上帝比起人類來，畢竟是比較資深的設計師啊。

『我也可以當氣球哦……不能說是只有一種身分吧？……』保險套還是不死心。

保險套也放嘴裡

因爲刺眼的關係，保險套的存放，成爲傷腦筋的事情。

舌頭當然沒有這樣的煩惱——『放在嘴巴裡很好啊』，舌頭這樣懶洋洋的趴著。

保險套就倒楣多了。一方面沒辦法也放在嘴巴裡，另一方面呢，身上似乎也並沒有比嘴巴更理想的地方呀。

即使只是以洞的大小和容量來講，也沒有能打敗嘴巴的部位了。

所以，保險套就只好跑到皮夾和皮包裡面去了。這對保險套來說，當然是很尷尬的事——人造的假人皮，被緊緊夾在動物的真皮裡面，是很荒謬的處境吧。

就好像一隻牛，如果吞下去一個橡皮奶嘴，也會覺得很奇怪的。

借住在皮夾和皮包裡的保險套們，前面擠著很多張煞有介事的金融卡，後面擠著印滿偉人臭臉的鈔票，會不會很不自在呢？

如果申請開一家妓院，結果被分配到中央銀行和總統府的中間，也會對大家都很辛苦吧。

方向盤下晃動的保險套

那麼……保險套鑰匙圈的正當性，似乎就一下子提升了不少哪。

起碼，把鑰匙插進鎖孔這樣的動作，在意象與表徵上說起來，是和保險套比較相關的了。

可是，對於保險套鑰匙圈的主從關係，一定要努力搞清楚——

到底是保險套附屬於鑰匙？還是鑰匙附屬於保險套？

到底是爲了要跟人上床，才掏出鑰匙來發動引擎，掏出鑰匙來打開家門呢？

還是因爲要用鑰匙開車回家了，才順便帶個人回去上床呢？

這恐怕是很難搞清楚的。不過，如果是你被別人帶上車、帶回家，結果一路看著方向盤底下，插在鎖孔裡的鑰匙，露出來的是一枚晃來晃去的保險套，你會不會很倒胃口呢？

簡直就像吸血鬼還沒有開始吻你的頸子，就先迫不及待的拿出銼刀來磨尖牙齒嘛。

這樣解說下來，保險套外表的不含蓄，所造成的種種不便，也都可以了解了吧。

全是因爲沒辦法設計出像舌頭那麼看起來很無辜的用品哪。

雖然是這麼無聊的動作，
畢竟和真理還是有一些關係的。
地球自己一直轉圈圈，也是很無聊的動作，
但也和宇宙的真理有一些關係。
關於叫床的真理嘛……
可以肯定的這樣說：
叫床這件事，可以用的字，實在很有限。

Nº. 618.
N
E
W
S
ITALY
02
SEX
BEER
(x)
LSD
R.

叫床的字彙很有限

『來，叫床給我聽。』坐我左手邊的傢伙這麼說。

『床！床！床！』坐我右手邊的傢伙，很聽話的這樣叫了幾聲。

說起來很丟臉，可是還是要勇敢的說出來——這是，我們玩牌的時候，十大無聊基本動作的第八項。

雖然是這麼無聊的動作，畢竟和真理還是有一些關係的。

地球自己一直轉圈圈，也是很無聊的動作，但也和宇宙的真理有

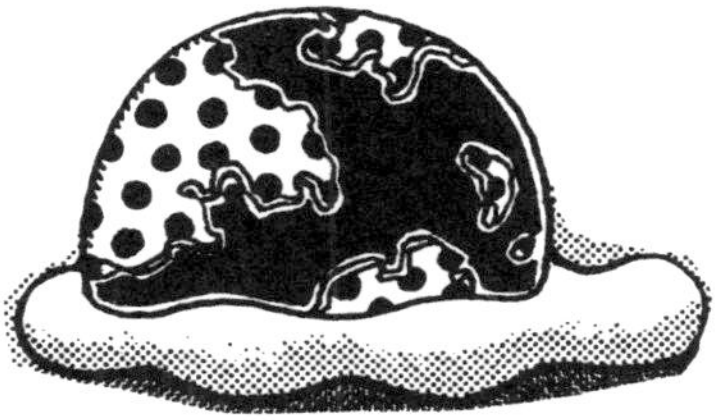

一些關係的。

關於叫床的真理嘛……可以肯定的這樣說：叫床這件事，可以用的字，實在很有限。

我有個朋友，專門替色情錄影帶翻譯字幕的，就對這件事情很抱怨——

『這些編劇！寫的字已經很少了，又不用想太多情節，爲什麼不肯努力替大家多想一些叫床用的字呢？爲什麼不再努力一點呢？』

這傢伙、對於色情片編劇的自暴自棄，越來越看不下去，終於決定義務贊助對白，在翻譯的時候，加了很多話進去。

結果呢，畫面上的人明明叫喊著：『再快！再快些！』字幕卻打出『飛翔吧我的翅膀，速度就是快感讓靈魂解放』這些珠光寶氣的句子來。

他當然很快就被老闆開除了，因爲很多觀衆投訴，說被這麼多字搞得很分心、坐立不安。另外，嚇一跳的人、笑得沒力氣的人，也有很多。

如果有一天租到了這樣的帶子，請不要太責怪他吧。

上床後被鬼附身

純粹爲英語教育著想的話，叫床的字彙，是有增加之必要的。

很多小朋友最早自動自發學的英文，都是從色情錄影帶上聽來的。

很多小朋友稍稍長大了以後的床上行爲模式，也都是從色情錄影帶上模仿來的。

所以呢，大家一上了床，就突然都開始講美國話、做美國表情

了，好像坐計程車坐一半，收音機忽然自己跳到美軍電台去那樣。

我有幾個白種人黑種人的美國同學，是跟中國人談過戀愛的，就都很納悶的問過我——他們的中國愛人爲什麼一上了床以後，都像被美國鬼魂附身了一樣，而且是品味不太好的鬼魂。

看吧，我們不好好拍自己的色情片，又不建立自己的床上字庫，就變成這樣子啦。

以後要是真的有中國學生被鬼附身，恐怕也只會把頭轉三百六十度啦、吐吐綠色口水啦這些西洋招數了，怎麼辦？

上床去又上學去

叫床的字彙，要如何增加呢？

像我這個譯字幕的朋友那樣，亂抄《天地一沙鷗》是不行的。

那麼，在捲筒式衛生紙上印單字怎麼樣？會不會太打擾上廁所的心情呢？

只要對於目前使用的叫床字彙，比較了解的話，就會發現從文法上來說，都是A·命令句，像『再快』這種；B·驚嘆語，像『天哪』；C·語助詞，像『△＊※◎』那些。

我們的小朋友，是不太被鼓勵用這三類字的，只有常常聽到的機會，沒有常常用到的機會，常常聽到的嘛——A·命令句，像『好好唸書』；B·驚嘆語，像『這題也不會？』；C·語助詞，像『哼！』

想想看，上床去跟上學去，聽到的都是同類的字眼，豈不是太恐怖了？

如果再沒事就被罵一句『會用的字怎麼這麼少』，床上玩伴的面

孔，立刻重疊上作文老師的面孔，叫床就成爲更辛苦的事啦。

不斷看到光屁股

光屁股的照片，並沒有特別適合出現的地點。

有些出現在車窗跟雨刷之間，流露出隨時會感冒的脆弱氣息；有些則靜靜躺在地下鐵的椅墊上，像熨衣板上的襯衫那樣，等著遭遇乘客之屁股來熨平。

『但願能夠有安定下來的一天……』雖然只是光屁股照片，心底也會抱著一絲這樣的希望吧。

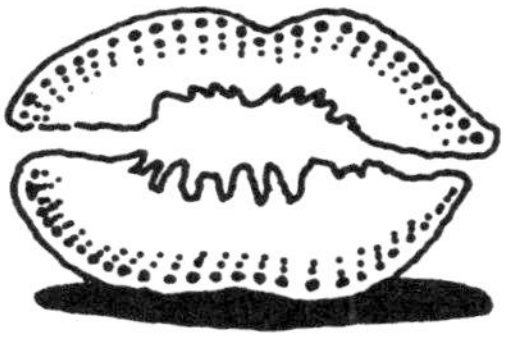

我所收留的光屁股照片，大部份沒有經歷過流浪的階段，不過，也都是跋涉了各式各樣的路途，才來到我的手中。

有些隨著陌生人的信件抵達，也有些夾在借出去給同學、再被還回來的筆記本裡面。

照片裡面光屁股的人，有些是我的朋友，有些是完全沒見過的人，有些很有名，有些很漂亮但不有名。當然，也有些只是畫出來的人——很有名、很漂亮、完全沒見過、沒辦法變成我的朋友。

奇妙的事情，常常對準我的臉發生。被拍照的光屁股畫像，我總是收到同一張。

側面全裸的、《坐在海邊的少年》。

叫做希波立特・斐藍得云的畫家，在叫做一八三六的年代畫好，被叫做羅浮宮的房子收藏。

大腿讓你想到什麼

爲什麼總是有人送我《坐在海邊的少年》？

爲什麼在這麼多世界名畫拍成的卡片裡，買這張卡片的人總是會想到給我？或者，想到給我的人，總是會買這張卡片？

爲什麼沒有人要把這幅畫的原作偷出來送我呢？

我看著畫上的少年，他拱起腿，抱住膝蓋，坐在岩石上，臉，埋在膝蓋之間。

他的胸部很厚，大腿很粗，幾乎有他手臂的三倍粗。

他的眼睛閉著，我不知道他在想什麼，我也不知道畫家想要他想些什麼。

我在想些什麼呢？

送我這張少年裸像的人，他們想要我想些什麼呢？

有些夢是乾的

顯然並不是要我想上床的事情。《坐在海邊的少年》，雖然有著無比迷人的身體，卻沒有發情期荷爾蒙的氣味。以夢的術語來說，這個裸體是乾的夢，不是濕的夢。

顯然也並不是要我想戀愛的事情。愛情非常的被動，需要對方的反應；愛情也非常的渙散，需要對方的人格；《坐在海邊的少年》確實是最美麗的人像，但既不可能產生反應、也不可能發展人格。我唯一可能愛上的，是這幅裸體的價錢。

送我《坐在海邊的少年》，有可能，只是要我想一想，寂寞的事情。

裸露身體而埋住臉，並不一定是爲了寂寞在傷心的樣子。很多擺出這個姿勢的人，其實是對寂寞不再在乎了。他們只接受目光，卻不再回應以目光。對這個世界來說，他很扎實的以整個身體存在；但對他來說，這個世界，可以被忘記。

每一個畫者，畫寂寞的樣子；每一個作者，想寂寞的意思；每一個觀者，把寂寞完成。

這是，寂寞國境的生物鏈。

每當對方開始褪下衣物，
而露出華美燦爛的內褲時，
我總是會被深深打動，
除了感激對方的心意之外，更有著巨大的同情——
『我也是一樣寂寞的啊……』
當我自己也慢慢褪下衣物、
露出精心挑揀的內褲時，
兩人之間的猜疑、不安，好像立刻減輕許多。

The Back View
PAW
The Saint-George
H
PINK
新宝島
1995
み

用頭皮屑堆個雪人

開始時，下得不大，我就懶得開雨刷，想讓雪片自己化去。結果，越積越多，根本不會融化，因爲不是雪——是頭皮屑。滿天白茫茫、雪一般飛舞的、頭皮屑。

後面幾輛遊覽車上的遊客，大概第一次遇見下頭皮屑，都歡呼著跑下車來，用手去撈接半空中的白點點。有的則站住不動，故意等頭皮屑鋪滿肩膀上了，就興奮的屏住氣，呼叫同伴趕快來幫自己拍照。

我不是遊客，所以就只是把引擎熄了，坐在車裡等待，呆呆的，

像凍在透明鎮紙球裡面，那種不知道在想什麼的海馬。

問題是擋風玻璃上的頭皮屑越沾越多，害得我越看越癢，覺得整個腦袋簡直像要蛻皮的蛇那麼難過。我只好撐把傘，到車外去透透氣。

能不能堆個雪人呢？

我用腳尖踢一踢積在路面上的薄薄一層頭皮屑，估計著——只要繼續下兩小時，就可以堆個雪人了。

『如果……要堆雪人的話……可以拜託你，把雪人堆成一個小女孩的模樣嗎？』腳邊的頭皮屑，用很商量的語氣問我。

『可以是可以，但是想要堆成什麼樣的小女孩呢？』我蹲下來，這樣聽得比較清楚。

『呃……十歲左右，頭髮剛好蓋住脖子這樣……』

『穿什麼樣的衣服呢？』我問。

『……讓她穿……跳芭蕾的紗裙，可以嗎？』

『噢，紗裙嗎?!……』我看看四周，似乎並沒有合適的材料。

『為什麼要穿紗裙呢？』

『因為，如果晚一天死，她就有機會在首都的大劇院上台表演了……她是我們的小妹妹。』

『你們是……？』

『是她兩個哥哥，我們一共兄妹三個。』

『是發生了什麼事呢?又是鈾礦的礦坑爆炸嗎？』

『吭?鈾礦?不是的。』頭皮屑兄弟有點困惑:『我們那裡，沒有聽說過這種東西。』

『噢，因爲去年冬天，也是下一場很大的頭皮屑，據說是有個鈾礦的礦坑爆炸了，炸死三千五百多人……那場頭皮屑，比今天大得多了……』我記得那天，交通阻塞了十七個小時。

『啊……死了三千多人嗎？……我們這次，大概只有不到一千人吧？……不是很清楚人數……』

『是遇上了什麼事呢？』我又問一次。

為了參加示威

『噢，只是在遊行示威而已。完全沒有想到會被殺死……，以爲最多被抓去關幾天吧。』

『難道小妹妹也參加遊行示威嗎？』我問。

『妹妹嗎？妹妹是來叫我們回家吃飯的。』

『那，她飄到哪裡去了呢？』我望望天空，頭皮屑漸漸越飄越少了。

『不知道啊……剛好撞上被鎮壓的時候，衝散了……』

我還要再問下去時，清除車已經開過來了，勤快有勁的噴灑著標示了『去頭皮屑』的洗髮精。

路面上的頭皮屑，立刻隨著大量泡沫，消失不見了。

我踩在頭皮屑上的腳印，當然也跟著一個一個不見了。

早已拍夠照片，臉上開始露出不耐的遊客們，歡呼著回到遊覽車上，繼續向終點的遊樂區前進。

很想曬黑的白牙齒

一排白色的牙齒，正在滑水。

所以，除了快艇的馬達聲之外，還另外聽見一種牙齒互相碰撞的聲音。不過，正在滑水的牙齒，並不擔心被人誤會是自己在顫抖。因爲太陽很大，天氣很熱，即使是牙齒，也並沒有 打顫的道理。

實在熱昏了。

對於冷，我一向充滿貴族式的傲慢——咬住牙齒、拒絕發抖的時候，總覺得全人類的自尊，都聚攏在你的身後、幫你按住身子。

可是對於熱，我就完全放棄、完全不抵抗。流汗是狼狽的事，根本談不上什麼人性的尊嚴。

就像不識時務的蒼蠅，繞著你的臉嗡嗡撲飛，怎麼趕也趕不走的時候，就算你是行刑前的貞德，也會覺得心灰意懶的。

奇妙的是，當那排滑完水的牙齒，邊走向我，邊沁出一粒一粒汗珠時，竟絲毫不顯得狼狽，反而更加亮晶晶的，閃爍著白光。

由此可見，牙齒和夏天的關係，的確比牙齒和冬天的關係要融洽得多了。

當牙齒遇見貝殼

『滑水滑得很好啊。』我先招呼對方。

『嘿，大概因爲天生就不怕水吧。』牙齒很開朗地回答我。因爲只有白白的牙齒，其餘什麼也沒有，自然而然就令人感覺是在笑。

可稱作『露齒而笑的最高級句法』。

被認爲是大體上天性開朗的牙齒們，雖然不見得同意，也總是無可奈何的笑著接受了。

『還喜歡這裡的海灘嗎？』

『喜歡。』牙齒在我右邊的沙灘椅上坐下。

『有很多的貝殼，感覺很親切。』

牙齒對貝殼類感到親切，這倒是完全可以理解的。

怪不得每次吃生蠔的時候，總隱約察覺到牙齒的心不在焉，原來都只顧著跟蠔的殼談天去了。

牙齒的意志與抉擇

『陽光好強呀。』牙齒嘆著氣。

『當心曬黑了。』我看看牙齒白得刺眼的身子。

『哈，就是爲了曬黑，才到海灘來的啊。』牙齒有點得意的挪動身子。

『哦?爲什麼會想曬黑呢?』

『做爲一排牙齒，只知道享受著天生的白色，並不能算是有志氣吧。』

『嗯，說的也是。可是，也不全都是白色的吧?也有不少黃的牙齒、黑的牙齒的，不是嗎?』我立刻想到公園那位停車管理員的牙

齒、完全歸化了菸草的黃褐色，是『植物人』的範例。

『發黃或者發黑，如果不是由於自身的意志與抉擇，是毫無意義的。』白牙齒很鄭重。『就像因爲生病而變瘦的人，怎麼能夠跟因爲減肥才變瘦的人，相提並論呢？』

聽起來可真像減肥班教練在說話。

『那，想要曬到多黑呢？』我心中浮現的，都是很失禮的類比——烤焦的玉米啦、塗改的稿紙啦、融化的柏油馬路啦。

『只要能成爲與衆不同的牙齒，能動搖褊狹的審美標準，就心滿意足了。畢竟，牙齒還是有牙齒該做的事啊。』

牙齒說完後，意興風發的一躍而起，奔向蔚藍大海去了。

我目送這排牙齒潔白的背影，油然升起一股感動。但是，一想到將要被曬成黑漆漆的模樣，仍會忍不住又有一絲的悵惘哩。

請勿破壞做愛現場

『當心！不要破壞了現場！』

做完愛的人，如果說出這樣的話來，恐怕會讓在場者都嚇一跳吧。

所謂的現場，當然不是做案的現場，而是做愛的現場。凌亂的床單，打翻的杯子，來不及關的水龍頭，來不及掛好的電話聽筒，隨著嚴重程度的不同，會造成不同的景象。

『只不過是做愛罷了，又不是謀殺，有什麼好保持現場的？』

對於經常上上下下不同床鋪的人來說，這確實是太小題大作了。

不過根據我的調查，對謀殺和做愛無法清楚分辨的情形，發生的頻率也並不低——

『咦……是不是弄死了？』

這樣的疑問句，據說經常在床鋪的上空，如同雲朵一般飄過。

面對著一陣抽搐之後，眼睛緊閉、呼吸也似乎停止的身體，不論是誰，發出類似的疑問，都可以算是很自然的事情吧。

不過，對於有些人來說，『保持做愛現場』的意義，並不是因爲分不清楚做愛和謀殺這兩者的差別哩。

索取做愛的紀念品

『……每一次的演出，都是一次誕生；而每一次的落幕，都是一次死！』

這是名伶海倫辛克萊踏上舞台時的華麗感想，發生在伍迪艾倫的電影《百老匯上空子彈》裡。

保持做愛現場的實踐者，恐怕也正是以同樣的心情，去面對床鋪的吧。

對於這些人來說，每次做愛以後殘留的現場，都有著珍貴的紀錄價值，因爲每一次的過程，都只在這個地球上發生僅僅一遍而已。

獨一無二，絕對沒有照樣重來一遍的可能。

在某一秒鐘掉落木頭地板上的一截煙灰；在某種轉身的角度之下會意外飄進鼻孔的一種體味；在飛機經過窗外時正好睜開眼睛，而能夠以迷茫眼神望著越來越遠的那盞飛翔紅燈；在輕輕喊出一個名字的同時，想起了另一個以爲忘記很久的名字……

這每一件小小的細節，以不可預料的方式，出現在無法排演的不同次做愛過程中。除了事後保持現場之外，並沒有加以紀念的方法。

掉落的那截煙灰……聞到的那種體味……注視過的那架飛機……浮現腦中的那個名字……沒有一樣能夠保留住，當成那次做愛的紀念品……

想要記住那次做愛的人，因爲了解自己的記性並不可靠，只有絕望的、天真的、妄想保持住做愛的現場……

直到下一次做愛……

做愛提供罪惡感

有人想要保持做愛事發的現場，就有人想要破壞做愛事發的現場。

世界，是由想記得的人與想忘記的人所組成。

想要在事發之後，立刻破壞做愛現場，以免留下任何證據的想法，完全可以理解。

『唉……每次做完，都會有犯罪的錯覺啊……』

這種對自己多疑的傢伙，我認得很多。

覺得做愛是一種罪行，通常並不是因爲對方的責怪，而是因爲自己累積的做愛之記憶。

每一件做愛的記憶，都像一根固執的手指般，指向一件發生過或没發生過的愛情——

睡過也愛過了的，留下的是愛情的全屍。睡過但没愛過的，留下的是夭折的靈魂。

每一次上床，都强迫式的攜帶著所有做愛之記憶的人，勢必也將

蔡康永

請勿破壞做愛現場

在每一次下床的時候，强迫式的破壞做愛的現場……

想要記得的，不會因爲保持現場就永遠記得。想要忘記的，也沒法靠著破壞現場就永遠忘記。

確實不愧是徒勞無功的人生啊……

美麗的內褲，寂寞的刻度

每次看見別人穿了特別美麗的內褲，內心就不免感到辛酸。

在出門穿衣的時候，會這麼小心在意的避開了不夠新不夠平整的內褲，而特別換上拆都還沒拆開的新物，這是對於即將來到的夜晚，懷抱著何等真心的期待啊。

『我有多麼害怕寂寞？——請看這條內褲，就可以明白！』

彷彿聽到了這類果斷決絕的宣示，在小小的都市裡，此起彼落的響著。

因爲對於心理背景有了這麼充分的理解，所以，每當對方開始褪下衣物，而露出華美燦爛的内褲時，我總是會被深深打動，除了感激對方的心意之外，更有著巨大的同情——

『我也是一樣寂寞的啊……』

當我自己也慢慢褪下衣物、露出精心挑揀的内褲時，兩人之間的猜疑、不安，好像立刻減輕許多。

美麗的内褲，是寂寞的刻度。

内褲不再令人困惑

當然，這樣的事情，經歷多了以後，感動的程度總是會漸漸降低、最後變成『啊，又是一個寂寞的可憐蟲』這種反應。

可是，由於遇見的對象，往往會出現不到二十歲，甚至更年輕些的人。這些人，常常連穿在外頭的衣服，都是隨隨便便、到處都買得到的貨色。

令人訝異的，是隱藏在這些便宜衣物裡面的內衣內褲，卻經常展現奇妙的品味、或者是很有名的神氣品牌。

越是內行的人，才越能夠辨視出這一類顏色收斂、款式質樸，可是價格驚人的內褲啊。

連外衣外褲，都沒能精心選購的這些人，卻不在乎的買下了昂貴的名牌內褲，而且信心十足的選擇毫不炫耀的樣式。以如此充滿自尊跟自信的態度，處理著衣物與金錢的關係，實在是令我產生不忍心的

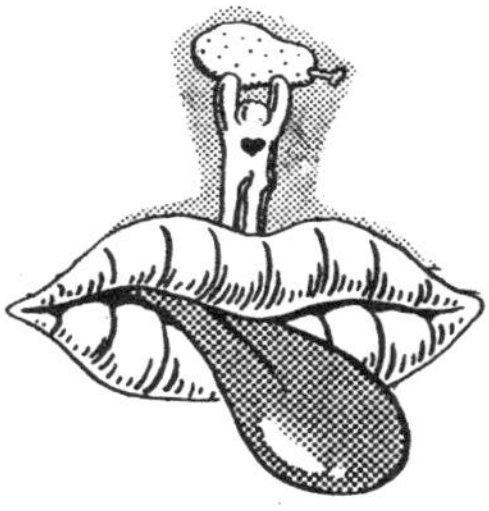

佩服。

每次遇上了這種狀況，『又是一個可憐蟲』的想法，就會立刻被驅除得無影無蹤。

雖然是人生還沒有展開多少的年紀，對於人生中重要事物的先後順序，都早已經很確定了吧。

比方說……

有點錢的話，是應該先買炫目的外衣，還是先買炫目的內褲？

或者——有點錢的話，是應該先買炫目的內褲，還是先買有感覺、但不怎麼炫目的內褲？

像這類的問題，都已經困惑不了這些年輕的心了啊。

內褲浪漫如同彩虹

『雖然被看見的時間很短暫，可是常常帶給人巨大的感動。』

這樣的句子，固然可以拿來形容天空的彩虹，可是，用在內褲的身上，也是一樣適當的。

內褲，正是以這種彩虹的姿態，出現在許多愛戀的場景裡，珍藏在許多愛戀的回憶裡。

一樣東西，在出現的那一瞬間，就已經注定了要從眼中立刻消逝的命運，於是這件東西的浪漫資格，勢必也就十分宿命了吧。

對找到人可以上床的人來說，對方的內褲，當然就具備了這樣的浪漫資格。

對找不到人可以上床的人來說，也就只有把這一份浪漫的希望，暫時寄存在自己的內褲上——

不再寂寞的動人承諾……幸福生活的真心嚮往……青春身體的自我珍愛……

所有這些支持我們活下去的、生命前頭的小小星光，都在我們謙卑又熱烈的穿上美麗內褲的時候，一閃一閃的亮起來了。

感謝 **楊澤**

楊澤在台灣的中國時報人間副刊，給了我一個為期一年的周六專欄，隨便我寫什麼。這本書裡的文字，有百分之九十誕生於這個專欄。

做為人間副刊的主編，楊澤當然也代我接受了一些很乏味的指責。我的專欄沒有能夠吸引比較精彩的怨言，連累楊澤在這方面的樂趣大減，這是我最不好意思的地方。

感謝爸爸 **蔡天鐸**

爸爸做為上海復旦大學畢業的大律師，一直慣於與名紳巨賈往來，認同的品味也比較接近舊日上等人家的標準。可是，對於我所寫的各式各樣的特殊題材，爸爸從不發表意見，也從不擔心我的文章會影響他的形象。這種高度節制自我的境界，不要說是大部份的中國父親不能相比，連我自己都覺得是難以想像的。

爲了這本書，蔡康永想要感謝的人：

感謝 **南美瑜**

做為人間副刊盯我進度的編輯，南美瑜非常盡責；做為每星期都全世界第一個讀到我專欄的人，南美瑜也從不吝惜讚美的話，讓我常有「做了好事」的快樂。

感謝 **劉坤龍**

這本書裡有好幾個不可思議的傢伙和故事，是劉坤龍變出來的。

感謝 **徐海玲**

在人間副刊的一年專欄結束以後，徐海玲把我的專欄接到大本時報周刊的彩色頁上面去了，而且鼓勵我更放開來寫，是要我「轉檯」、但又尊重我的好客人。

國立中央圖書館出版品預行編目資料

你睡不著我受不了 /蔡康永作 .初版 .--臺北市 :平氏，民84
面； 公分 .--(皇冠叢書 ;第2503種)
ISBN 957-803-045-2(平裝)

855　　84007737

皇冠 CROWN <註册商標第173155號>

皇冠叢書第二五〇三種

你睡不著我受不了

作　者─蔡康永
發行人─平雲
出版發行─平安文化有限公司
台北市敦化北路一二〇巷五〇號六樓
電話◉七一六八八八八
郵撥帳號◉一八四二〇八一一─五號
登記證─局版臺業字第六四九四號
責任編輯─林淑卿
美術編輯─王亞棻・王瓊瑤
校　對─蔡康永・林貞華・謝慧珍
印刷者─秋雨印刷股份有限公司
台北市八德路四段三一九號四樓
電話◉七六三六〇〇〇
著作完成日期─一九九五(民84)六月十五日
初版出版日期─一九九五(民84)七月三十日
十一刷出版日期─一九九七年(民86)九月
◉法律顧問─蕭雄淋律師・王惠光律師

國際書碼◉ISBN 957-803-045-2
Printed in Taiwan
本書定價◉新台幣 150 元